Gaëtan Lagarde
@lesgensdanslemetro_

Tu ne vis pas
à Paris ?
Tu es plutôt
tram ou bus ?
Ce cahier est
aussi pour toi !

LE CAHIER D'ACTIVITÉS
DES GENS DANS LE MÉTRO

LEDUC
HUMOUR

Leduc s'engage pour une fabrication écoresponsable !

« Des livres pour mieux vivre », c'est la devise de notre maison. Et vivre mieux, c'est vivre en impactant positivement le monde qui nous entoure ! C'est pourquoi nous avons fait le choix de l'écoresponsabilité. Pour en savoir plus, rendez-vous sur notre site.

Correction : Pauline Contant
Design de couverture : Léa Morineau
Création graphique et mise en pages : Léa Morineau
Illustrations : Léa Morineau

76, boulevard Pasteur
75015 Paris – France
ISBN : 979-10-285-2943-7

AVANT-PROPOS

Ma veilleuse brûle sur la cheminée, derrière un livre dont l'ombre noie une partie de ma chambre. C'est une calme lueur qui caresse le guéridon, baigne les plis de mes rideaux de velours et azure la psyché de mon armoire de palissandre.
Non, je déconne. Émile Zola, sors de ce corps !
Nous sommes le dimanche 8 janvier 2023, il est 21 h 07, et je finalise ce cahier d'activités en fumant une clope. Qui aurait cru que ce compte Instagram (@lesgensdanslemetro_), lancé un peu pour la blague le 16 avril 2016 ferait de moi un influenceur multi-millionnaire et futur lauréat du prix Goncourt...?

Trêve de galéjades.

Vous êtes des dizaines à m'envoyer chaque jour vos « pépites du métro » et à participer au succès de ce compte Instagram. Je vous dois tout et je n'ai qu'un mot à vous dire : merci. Vous êtes vraiment de belles personnes. Et vous êtes 393 194 à l'heure où j'écris ces lignes.

Ce cahier aurait pu être l'aboutissement de sept années de réflexion sur notre société et sur les préoccupations d'une génération désenchantée. Mais j'ai surtout voulu qu'il vous accompagne et vous occupe pendant vos trajets en métro (ou pas), pendant vos vacances et, qu'on se le dise, aux toilettes aussi. Je l'ai imaginé comme une prolongation de mon compte : drôle, assorti de références douteuses et surtout d'une pléthore de jeux, de tests, d'activités et d'infos insolites. J'espère qu'il vous plaira.

Bisous de moi.

SOMMAIRE

TESTS ET QUIZ

NOS RÉGIONS ONT DU TALENT

LE DROIT DE SAVOIR

DES CHIFFRES ET DES LETTRES

DES CHIFFRES ET DES LETTRES

ATELIERS CRÉATIFS

TEST ET QUIZ

Psycho test : quelle ligne de métro es-tu ?

Hello jeune demoiselle, je te propose, *via* ce test élaboré dans le plus grand secret par la NASA, de découvrir quelle ligne du métro parisien se cache secrètement en toi. Si tu es un garçon, je te propose quand même de le faire pour découvrir la ligne qui se cache secrètement dans la fille qui est secrètement en toi. Et si tu ne te reconnais pas dans la binarité des genres homme-femme, je m'en excuse et te propose d'aller faire un sudoku page 37.

1. C'est l'heure de pointe, tu es à la bourre, tu t'es tordu la cheville dans les escaliers et quand tu rentres dans la rame, tous les sièges sont pris !

- ⬢ Drama Queen, tu en fais des caisses et tu feins le malaise vagal pour avoir un siège.
- ● Tant pis, 14 stations debout et un changement de 6 minutes dans les couloirs à Châtelet, c'est pas la mort…
- ■ Tu soupires, plusieurs fois s'il le faut, jusqu'à ce que quelqu'un te cède sa place.
- ▲ Tu lances des regards noirs aux gens qui restent, malgré tout, assis sur les strapontins.

2. Animale, florale, minérale ou végétale, on te propose de créer ta propre station de métro. Tu optes pour :

- ● Des guirlandes de fleurs aux pétales épanouis.
- ■ Des grappes de fruits sucrés et pulpeux.
- ▲ Des coulées de lave incandescente.
- ⬢ Une famille d'ours polaires.

3. Si tu devais garder un seul film en DVD chez toi, tu choisirais…

- ⬢ *Sexe entre amis*
- ■ *Hunger Games*
- ● *Le fabuleux destin d'Amélie Poulain*
- ▲ *L'Attaque du métro 123*

4. Tu es tranquillement assise dans le métro quand soudain tu réalises que le mec en face de toi est plutôt mignon et qu'il te regarde avec insistance...

- Tu rougis instantanément et tu sens déjà ton eczéma atopique pointer au creux de ton cou.
- Tu t'assures que tu es sous ton meilleur profil et tu dégages délicatement une mèche de cheveux le long de ton oreille.
- Tu te mordilles la lèvre nonchalamment, inspirée soudainement par ce joli poème de Gabriel, 8 ans, affiché au-dessus des strapontins.
- Tu te lances dans une bataille de regards. Hors de question qu'il gagne. Il baissera les yeux avant toi.

5. Tu le sais, tu le sens, il est tout sourire : Olag l'accordéoniste vient de finir sa reprise de Michel Teló et se dirige vers toi pour avoir une petite pièce...

- Tu récompenses le talent, évidemment, et tu lui donnes une piécette.
- Tu n'as pas de monnaie, pas grave, il prend aussi les tickets resto et ça tombe bien, tu en as un.
- Tu évites soigneusement son regard et te concentres pour enfin passer ce niveau cauchemardesque sur CandyCrush.
- Tu t'excuses et tu as le courage de lui dire que tu n'as rien à lui donner. Mais c'est un mensonge.

6. Quel est ton passe-temps préféré dans le métro ?

- Tu mates tous les beaux gosses de la rame et tu vérifies s'ils ont une alliance.
- Tu es sur ton téléphone et tu racontes à tes copines la soirée pendant laquelle tu as fini complètement bourrée avec Jules.
- Rien de spécial, tu écoutes juste un peu de musique samba. Ou ce podcast sur la vie de Marcel Sembat.
- Tu es à l'affût d'une publication à envoyer à ce compte Instagram que tu aimes tant (@lesgensdanslemetro_ ndlr).

7. Si tu pouvais emmener une seule personne avec toi sur une île déserte, tu choisirais…

- Teheiura, le mec a montré (« deux fois, Denis ») qu'il était plein de ressources.
- Ton mec, va bien falloir s'occuper quand ce sera la mousson.
- Ta meilleure amie, car elle sera là, toujours pour toi, n'importe où quand tu voudras.
- Serge, le lapin du métro, pour éviter de te faire pincer très fort.

8. Panique dans le métro. Coup de frein, les lumières s'éteignent brusquement, le conducteur annonce un stationnement pour une durée indéterminée…

- « Et on ne nous dit pas pourquoi ? » tu maudis la RATP.
- « Putain et mon rdv chez Body Minute… » tu regardes si tu as des fourches.
- « Oh non, ça recommence… » tu te replonges dans ton livre.
- « Mon dieu c'est affreux… » tu sors ton téléphone pour faire une story.

9. Laquelle de ces fragrances aimerais-tu laisser sur ton passage en sortant du métro ?

- Citron et baies aromatiques, un sillage intrigant et remarquable.
- Seringa du printemps, un sillage séducteur.
- Violette, pour un sillage discret, bien élevé.
- Racines de vétiver d'Haïti, un sillage chamanique.

10. Si tu devais choisir le nom d'une station pour résumer ta vie, ce serait :

- Plaisance
- Rue des Boulets
- Place des Fêtes
- Filles du Calvaire

Tu as obtenu une majorité de ■ **LA LIGNE 1, la star.**

À l'image de la ligne 1, tu es au top et tu le sais. On ne te présente plus. Belle et moderne, tu prends le temps de retirer tes AirPods pour t'excuser auprès du cul-de-jatte sur lequel tu viens de trébucher en descendant à Pont de Neuilly. Et ça, tu vois, ça prouve vraiment que tu as su conquérir le monde des affaires, aussi bien que celui de l'humanitaire. Tu le sais : tout n'est qu'une question de confiance en soi. Alors quand une porte automatique se ferme, pour toi, c'est une autre qui s'ouvre. Mais attention, un tel succès pourrait bien te jouer des tours...

Tu as obtenu une majorité de ● **LA LIGNE 3 BIS, la victime.**

Si on te respecte (car chacun a le droit à un minimum d'empathie), tu es généralement perçue comme étant très discrète, voire effacée. D'aucuns diront inutile à la société. Tu n'en as que faire, tu n'es pas vraiment friande d'attention. Ton caractère doux cache une détermination sans faille... qui pourtant ne te permettra jamais d'aller au-delà de 4 stations. Qu'importe, tu n'es pas vraiment une amoureuse des voyages. Comme la ligne 3 bis, tu es peu fréquentée. Tu n'en as que faire, tu as déjà une copine super sympa. Elle habite sur la 7 bis.

Tu as obtenu une majorité de ⬢ **LA LIGNE 13, la délurée.**

Blindée de 5h35 à 00h38, tu es quelqu'un de très occupé. Chaque soir c'est la même chose, un anniversaire à La Fourche, un verre à Saint-Laz, une crémaillère à Montrouge. Et ça finit toujours par un plan cul à Guy Môquet. Pas de doute, comme la ligne 13, tu es vraiment la plus chaude de ta région. Certains te jalousent peut-être. Dans le fond, ça t'amuse. Tu n'aimes pas particulièrement les problèmes mais le fait est que tu les attires, comme par magie ! Avec toi, c'est comme sur la 13, il y a toujours un truc qui ne va pas. On aime te détester, et c'est déjà ça!

Tu as obtenu une majorité de ▲ **LA LIGNE 2, la torturée.**

Il existe encore en ce monde des mystères inexpliqués, et comme la ligne 2, tu en fais partie. Un tronçon Porte Dauphine-Rome, et tu tombes amoureuse d'un trader en costume cravate... « On vivrait dans un petit appart, près du parc Monceau, ce serait tellement cute »... Puis vient le tronçon Place de Clichy-Nation, et là tu te détestes. « La vraie vie c'est tout plaquer pour vendre des cigarettes à La Chapelle et faire des maraudes à Stalingrad. » Un conseil, Dr.Jekyll et Mr.Hyde : n'hésite pas à prendre un peu de temps pour toi, ça ne fait jamais de mal.

LE DROIT DE SAVOIR

?¿

La bio de Serge le Lapin

Le destin brisé d'une mascotte devenue icône maso

1977 Il naît le 15 février 1977 sous le crayon de la dessinatrice Anne Le Lagadec. Il n'a pas encore de prénom mais il a une mission : prévenir les enfants du danger que représentent les portillons automatiques. Qui d'autre que ce gentil lapin qui court partout sans faire attention aurait pu devenir la mascotte des enfants ?

1986 La RATP demande au dessinateur Serge Maury de moderniser le lapin du métro. Le dessinateur va non seulement le relooker, mais également lui donner... son propre prénom. Un pelage rose et un ensemble jaune criard plus tard, Serge was born, prêt à s'afficher partout où on aura besoin de lui.

2001 Le rêve américain. Serge exulte. Un sketch de l'émission américaine *Jackass* lui est consacré. Déguisé en lapin, Chris Pontius se coince volontairement la main entre les portes lors de leur fermeture, puis hurle de douleur en tentant de se dégager.

2014 Serge ouvre son compte Twitter (@SergeLapinRATP) et devient un lapin résolument connecté, bien dans son époque. Il en profite au passage pour enfiler un jean et des baskets. Serge 2.0 est dans la place et n'hésite pas à partager ses bons plans prévention à ses 10 000 followers.

2015 Le premier scandale. Une vidéo de la série animée *Les Kassos* sur YouTube montre Serge en train de s'agrafer un téton et de refermer un piège à souris sur ses testicules. Ces images suscitent l'émoi dans tout le pays.

2017 Serge a 40 ans. En dépit des polémiques, une nouvelle série de stickers à son effigie fait son apparition dans le métro pour prévenir des dangers des escalators.

2019 La descente aux enfers. Une nouvelle vidéo fuite sur YouTube. On y voit Serge insérer tour à tour ses testicules dans un lecteur de tickets RATP, attacher ses poils de cul à une ficelle reliée à un métro en marche et placer son prépuce dans la bouche d'un chien endormi qu'il réveille subitement.

2023 Serge s'affiche sur les stickers de prévention du métro depuis plus de 40 ans et semble déterminé à poursuivre sa mission. Si l'on en croit une dernière vidéo, il filerait le parfait amour avec l'inspecteur Dirty Gadgette. Leur sextape sobrement intitulée *Go go gadget à la foreuse* serait sur le point d'être commercialisée. Mais c'est une autre histoire.

TEST ET QUIZ

Que fait cet homme sur la photo ?

1 Il pond un œuf.

2 Il se concentre.

3 Il joue aux échecs, c'est évident.

4 C'est un homme qui fait caca.

Métroticônes

Sauras-tu retrouver quelles stations se cachent (à peu près) derrière ces émoticônes ?

🇦🇷 _ _ _ _ _ _ _ _ _

📈 _ _ _ _ _ _

🐈🥛 _ _ _ _ _ _ _ _

🤪🪢 _ _ _ _ _ _ _ _

🏃🧂 _ _ _ _ _ _ _ _ _ _

👑 _ _ _ _ _ _ _ _ _

❌✌️🐈🐮 _ _ _ _ _   _ _   _ _ _ _ _ _ _

🏫🪖 _ _ _ _ _   _ _ _ _ _ _ _ _ _

🏳️‍🌈🫖 _ _ _ _ _

🚉✌️🦁 _ _ _ _   _ _   _ _ _ _

LE DROIT DE SAVOIR

Le théorème de Lorie Pester*

Si comme Lorie tu vas vite, tu t'entraînes à ne pas perdre une seconde, tu dois forcément connaître ce théorème qui te permet de calculer ton temps de trajet dans le métro :

la technique du × 2 - 1/3

Le principe est simple. Il s'agit de compter le nombre d'interstations et de le multiplier par deux, puis de retirer un tiers à ce chiffre. Le résultat obtenu te donne ton temps de trajet. Dingue, non ?

Exemple :

Ça y est, c'est le week-end ! Tu préférerais rester toute seule mais Lorie te dit qu'elle ressent le tempo des rythmes latinos à Argentine. Tu te décides à la rejoindre depuis Bastille. Il y a 12 interstations entre les deux.

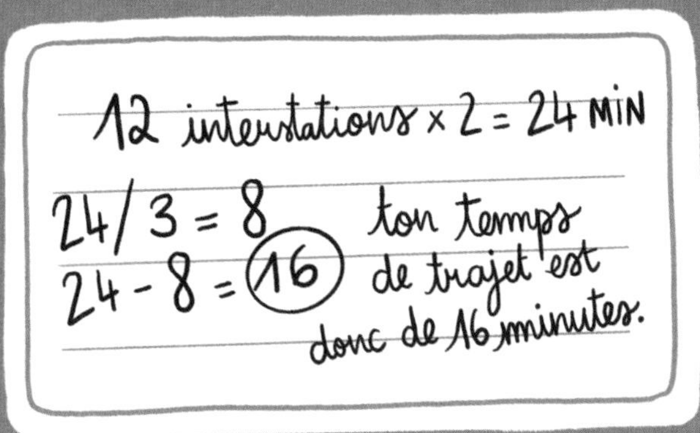

Cas pratique :

Tu es à Châtelet et tu dois rejoindre ta meilleure amie à Charles de Gaulle-Étoile... Combien de temps vas-tu passer dans le métro ?
Indice : il y a 8 interstations.

* Le théorème de Lorie Pester ne saurait s'appliquer les jours de grève, en cas d'incident voyageur, de colis suspect, d'incident d'exploitation, de panne de signalisation, en semaine, à l'heure de pointe et le week-end.

Mots croisés

Trouve 15 stations du métro parisien.

Horizontal

2. Will Smith y a vécu
4. Religieuses
5. Oppidum gaulois
8. Opiniâtres
9. Benjamin
10. Freezer
11. Ville portuaire
13. Princesse phénicienne
14. Il peut être de la santé
15. Ville de Thuringe

Vertical

1. Ont lieu tous les quatre ans
3. Proust avait la sienne
6. El Libertador
7. Exploitants agricoles
12. Chef-lieu d'Ille-et-Vilaine

ATELIER CRÉATIF

Coloriage

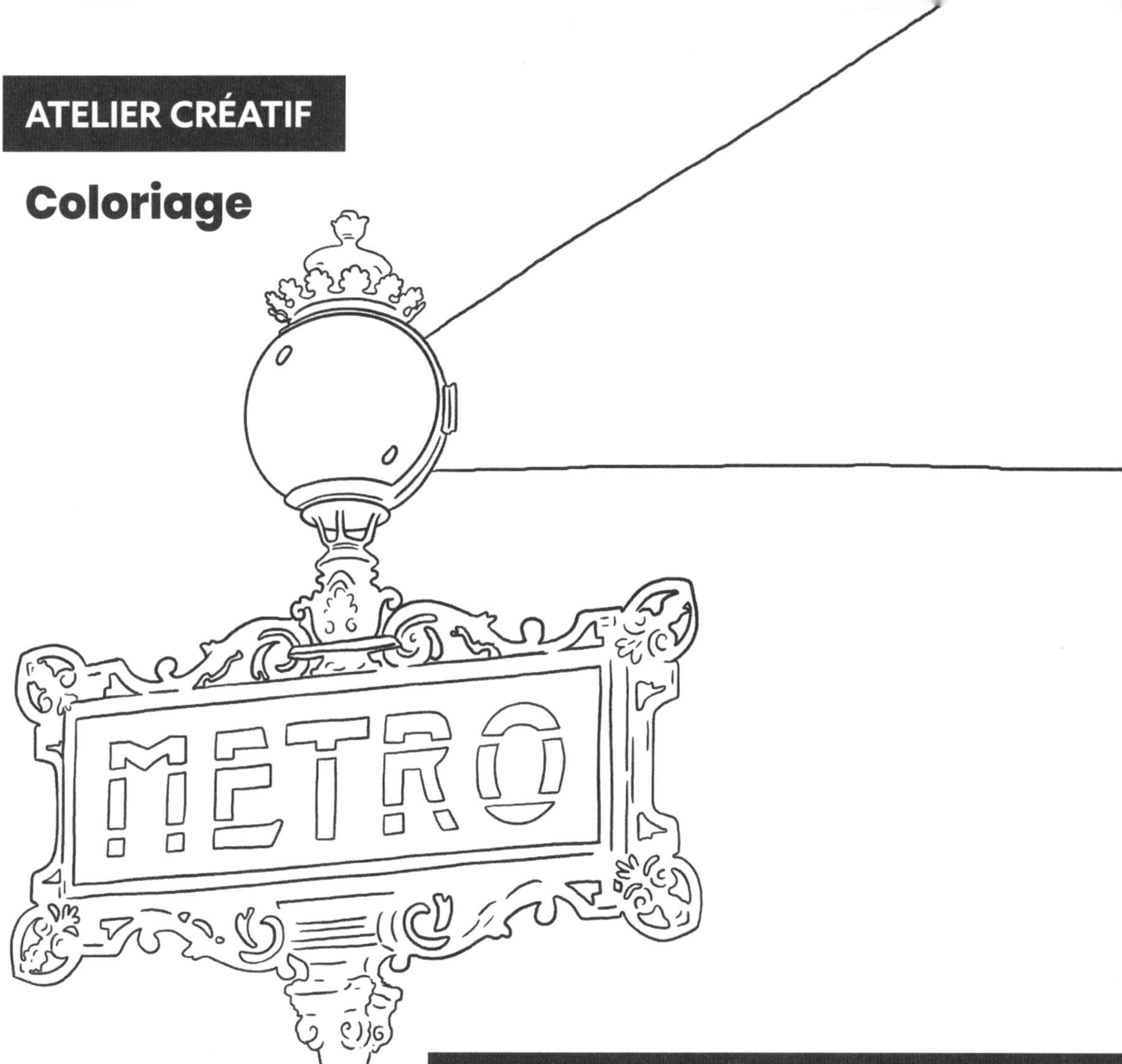

LE SAVAIS-TU ?

Ceci est un mât Val d'Osne. Installés au début des années 1920, ils permettaient d'éclairer et de signaler les entrées de métro grâce à un globe éclairant. Son nom, Val d'Osne, provient du fondeur qui en assurait la fabrication. Les mâts Val d'Osne ont presque tous disparu aujourd'hui, mais on peut encore en voir aux stations Saint-Michel et Saint-Paul à Paris.

LE DROIT DE SAVOIR

Le coup de la panne

« Pouuurquoi pourquoi tout ça n'arrive qu'à moi ? (...) Mais qu'ai-je donc faaait, qu'ai-je donc fait pour mériter ça ah ? »
Si comme Sandy Valentino tu maudis les interruptions du trafic, et si tu n'as aucune idée de ce qu'incident d'exploitation veut dire, je t'offre ces quelques lignes de décryptage. Si tu ne connais pas Sandy Valentino, tu ne mérites pas de lire ces lignes.

Le colis suspect

Un sac, une valise ou un colis sont déclarés abandonnés. Tout le monde peut le signaler : toi, ta mère, un agent RATP, le conducteur... Mais derrière, c'est la police qui arrive sur les lieux, donc déconne pas trop. La police ordonne l'interruption du trafic et entame la procédure de « levée de doute » (avec chiens renifleurs et démineurs si besoin...). Une fois le doute levé, la police autorise la reprise du trafic.
Durée moyenne de l'arrêt : 30 minutes.

La panne de signalisation

Un signal qui reste allumé, un fusible hors service, la dégradation d'un rail... et hop c'est la « panne de signalisation ». Un feu rouge double s'allume pour le signaler au conducteur, qui doit s'arrêter immédiatement. Une heure peut s'écouler avant que la panne de signalisation soit résolue. Le conducteur ne pourra franchir le feu qu'après y avoir été autorisé.

L'incident d'exploitation

Ce genre de perturbation peut provenir à la fois des infrastructures (problèmes d'aiguillage) et de certains éléments extérieurs (signal d'alarme ou personnes sur les voies). Bref, c'est vraiment un mystère ce truc. Cherche pas, j'ai pas plus d'infos.

L'incident voyageur

Ça arrive 10 fois par jour. En gros, ça concerne tout voyageur victime d'un problème cardiaque, d'évanouissement ou de coup de chaud. Le conducteur a l'obligation d'aller voir le malade... d'où l'arrêt du trafic... Après, c'est toi et ta chance, soit le voyageur pourra descendre tout seul sur le quai, et c'est cool, soit il est vraiment dans le mal et l'attente sera prolongée car les agents RATP n'ont pas le droit d'aider le voyageur à se déplacer.
Durée moyenne de l'arrêt : 45 minutes.

L'accident grave de voyageur

Je t'arrête tout de suite, un accident grave de voyageur n'est pas (forcément) un suicide. (Ouais, tu es déçu.e, je le sens). L'accident grave désigne des cas assez variés tels qu'une chute sur les rails ou bien encore un membre coincé... entre le quai et le métro.

En raison d'incidents divers

Si tu entends cette annonce, tire un trait sur ton trajet : la situation est critique. Comme son nom l'indique, il s'agit d'une accumulation d'incidents. Si à 8h du matin une porte se coince et si à 8h30 un voyageur sur la même ligne est déclaré malade, alors la RATP t'annonce que le trafic est perturbé, voire arrêté. Tu aurais mieux fait de rester au lit.

TEST ET QUIZ

Orgasme ou métro climatisé ?

LE DROIT DE SAVOIR

?¿

Petit guide de survie en cas de forte chaleur

LA LIGNE 1

Alors ? Toujours aussi content de bosser à la SoGé ? Allez, fais tomber la veste de ton costume et desserre ta cravate, t'as pas l'air bien là...

LA LIGNE 2

Pas besoin de partir en vacances, tu voyages et en plus t'as la clim... Royal ! Prévois un maillot.

LA LIGNE 3

Il fait sombre. Il fait moite. C'est lent. Comme chez ton plan cul mais en plus chiant. Efface son numéro.

LA LIGNE 3 BIS

Y a quelqu'un ? Non, évidemment. Tu peux lâcher un pet tranquille.

LA LIGNE 4

Tous les courants d'air du monde ne pourront jamais chasser les remugles d'une foule humaine en été. Bonne chance et fais gaffe aux pickpockets.

LA LIGNE 5

Oh c'est chouette, y a la clim... Par contre, l'odeur qui l'accompagne, on en parle ? C'est le moment de battre ton record en apnée.

LA LIGNE 6

Soudain, les longues minutes d'attente à Kléber prennent tout leur sens. Parfait pour une introspection.

LA LIGNE 7

Le temps que ton métro arrive, tu peux sécher un peu et expier tes péchés.

LA LIGNE 7 BIS

Wouhou, y a quelqu'un ? La 7 bis, l'autre ligne où tu peux lâcher un pet tranquille.

LA LIGNE 8

La trace humide de tes fesses sur les sièges en skaï, c'est quand même rigolo. Prends une photo et fais le test de Rorschach.

LA LIGNE 9

Climatisée, ponctuelle, confortable... c'est une oasis de fraîcheur. Les relents putrides sont sans effet. Go lâcher une *review* 5 étoiles sur Google.

LA LIGNE 10

Le combo chaleur + bruit atroce est une méthode de torture utilisée à Guantánamo. Est-ce donc le prix à payer pour vivre rive gauche ?

LA LIGNE 11

Les barres sont beaucoup plus glissantes. Le risque de chute est accru. Sois prudent.e !

LA LIGNE 12

Le mot « douze » comporte 5 lettres. Tout comme le mot « enfer ». Coïncidence ? Je ne pense pas. Fuis ! #NotTodaySatan

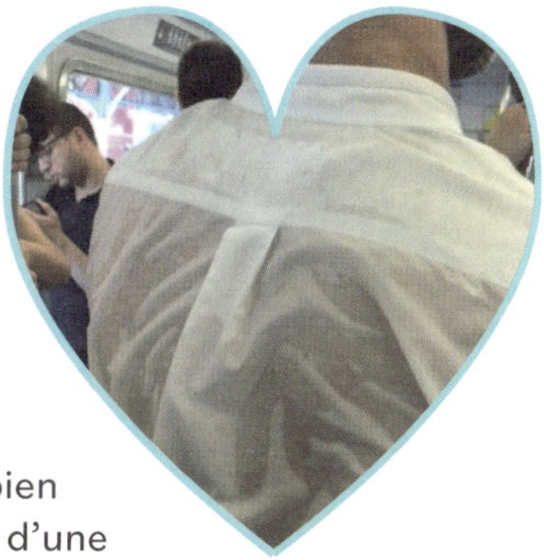

LA LIGNE 13

Indice transpi : + 4 000. Le genre humain est répugnant. Vous êtes répugnants. La vie n'a plus aucun sens.

LA LIGNE 14

Ah, une douce brise. C'est plaisant en cette période. Cale bien tes aisselles dans le courant d'air, tu es le héros/l'héroïne d'une pub Narta.

Le bouche-trou

La ligue des frotteurs du métro a sévi...
Curieusement, les noms de certaines stations ont été vandalisés.
Sauras-tu relier les lettres manquantes à la station à laquelle elles correspondent ?

CHARO	_ O _ _T_ DU LAC
HOT	_ L_ _ _ LA SORBONNE
LAMOTTE	CHARLES DE _ _ _ _L_ ETOILE
HARD	_ _ _ _OGNE PONT DE SAINT CLOUD
DEMONTROU	BOBIGNY PABLO PIC_ _ _O
CUNY	MAIRIE _ _ _ _ _ _ _ _ _GE
LESMICHES	_ _ _ _ _ _ _ PICQUET GRENELLE
ASS	_ _ _ EL DE VILLE
GAULE	_ _ _ _ _NNE
PINE	CHAR_ _ _ _ _ _ _ _L _
BOUL	C_ _ _ _ON LAGACHE

Mots cachés

Trouve l'amour et les mots cachés à l'horizontale et à la verticale.

S	D	Y	T	F	P	O	R	T	I	Q	U	E	C
V	W	Q	I	D	A	P	X	K	G	S	V	V	O
F	S	C	C	M	U	S	I	C	I	E	N	S	R
R	Q	L	K	Z	N	X	Y	H	Q	R	C	T	R
I	U	Z	E	N	T	N	A	V	I	G	O	R	E
T	A	C	T	C	H	A	R	H	A	E	N	A	S
K	I	J	U	S	D	V	A	T	C	E	D	P	P
K	H	C	R	G	Z	E	M	R	T	H	U	O	O
C	O	N	T	R	O	L	E	U	R	B	C	N	N
G	R	E	V	E	F	A	J	L	K	U	T	T	D
N	X	E	S	T	A	T	I	O	N	H	E	I	A
B	O	V	O	Y	A	G	E	U	R	Q	U	N	N
A	A	B	O	N	N	E	M	E	N	T	R	V	C
I	N	C	I	D	E	N	T	A	C	P	D	S	E

Les mots :
Abonnement / Contrôleur / Grève / Musicien / Portique / Rame / Station / Ticket
Conducteur / Correspondance / Incident / Navigo / Quai / Serge / Strapontin / Voyageur

NOS RÉGIONS ONT DU TALENT

Géographie

Tu t'ennuies à mourir ? Tu n'as pas d'ambition ? Tu n'as aucun goût ? Tu as déjà tenté de prendre le métro à Paris en essayant de valider ton ticket sur la borne Navigo ? Je te pardonne, cela s'appelle être provincial.

Mais sauras-tu placer les villes ci-dessous sur la carte ?

Facile : les villes qui ont un métro : ☺ Paris - Lyon - Marseille - Rennes - Toulouse - Lille

Moyen : les villes qui ont failli en avoir un : 😐 Nantes - Bordeaux

Difficile : les autres : ☹ Rouen - Metz - Strasbourg - Brest - Nancy - Tours - Orléans - Dijon - Clermont-Ferrand - Saint-Étienne - Grenoble - Nice - Montpellier - Toulon

TEST ET QUIZ

Le métro parisien

DIFFICULTÉ PROCHE DU NÉANT

Quel président américain a sa station de métro ?

1 George Washington
2 George V
3 Franklin D. Roosevelt
4 Barack Obama

Quelle est la ligne de métro la plus courte ?

1 La 3 bis
2 La 7 bis
3 La 7 ter
4 La 11 bis

Quelle est la couleur de la ligne 12 ?

1 Bleue
2 Orange
3 Verte
4 Céladon

Pour te rendre à Vavin depuis Châtelet, quelle ligne utilises-tu ?

1 La 8
2 La 12
3 La 4
4 Il y a vraiment des gens qui vont à Vavin ?

Quelle ligne est de couleur rose ?

1 La 2
2 La 6
3 La 7
4 Désolé.e, je suis aveugle, j'espérais que ce cahier serait dispo en braille

Quelle ligne passe par Charles de Gaulle-Étoile ?

1 La ligne 6
2 La ligne Maginot
3 La ligne 3
4 La ligne 5

ATELIER CRÉATIF

Le jeu des 7 différences

Sauras-tu retrouver les 7 différences (ou un peu plus, ou un peu moins, peu importe en fait) sur cette photo ? Entoure-les au stylo ou liste-les plus bas.

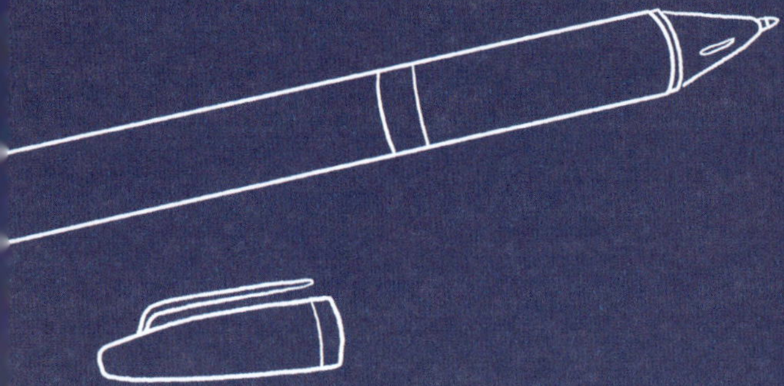

Différences :

1 ____________________

2 ____________________

3 ____________________

4 ____________________

5 ____________________

6 ____________________

7 ____________________

NOS RÉGIONS ONT DU TALENT

Mot à deviner

La légende raconte qu'il y aurait une vie en dehors de Paris. Pour preuve, 5 autres villes de France ont également un métro (et donc l'électricité ?!).
Je te propose de deviner quelles sont ces 5 villes qui veulent se la jouer mégalopoles.
Et si tu as fait Bac +5, tu n'es pas à l'abri de trouver le mot mystère.
Indice : ce n'est pas Paris.

1 MOT MYSTÈRE : ....
2 UN VIVIER DE TALENTS POUR W9
3 LA VILLE DES LUMIÈRES
4 MARTINE AUBRY Y RÈGNE DEPUIS PLUS DE 20 ANS
5 ON Y TROUVE DU CHOUCHEN À VOLONTÉ
6 LA VILLE ROSE

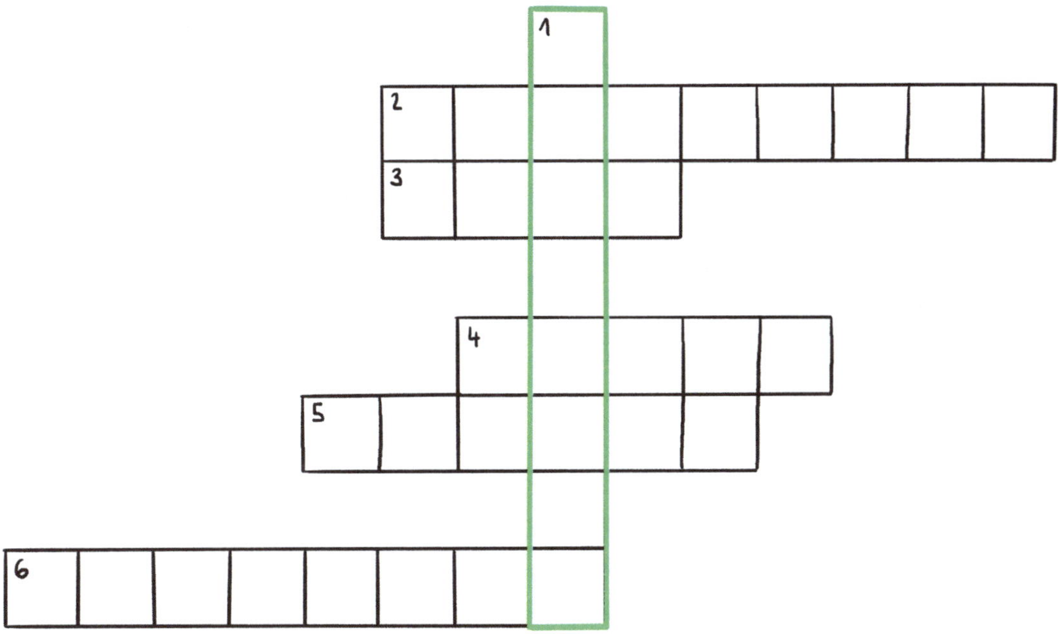

Marseille

C'EST MARSEILLE BÊÊÊÊÊ BÊÊÊÊÊ

En quelle année le métro marseillais a-t-il été inauguré ?

1 En 1970
2 En 1977
3 En 17 à Leidenstadt, d'après Jean-Jacques Goldman
4 En 1984

De quel genre de métro s'agit-il ?

1 Métro automatique
2 Métro sur pneumatiques
3 Métro ferroviaire
4 Métro non-binaire

Quelles sont les couleurs des 2 lignes du métro marseillais ?

1 Rouge et noir
2 Rouge et jaune à petits pois
3 Blanc et bleu
4 Rouge et bleu

Laquelle de ces stations n'est pas desservie par le métro marseillais ?

1 Noailles
2 Périer
3 Maeva Ghennam
4 Joliette

En argot marseillais, que signifie : « Ce matin on était tous esquichés dans le métro » ?

1 Ce matin on était tous très serrés dans le métro
2 Ce matin on était tous très bourrés dans le métro
3 Ce matin on était tous endormis dans le métro
4 Ce matin un lapin a tué un chasseur

Lequel de ces footballeurs n'est pas né à Marseille ?

1 Jean-Pierre Papin
2 Zinédine Zidane
3 Éric Cantona
4 Frank Leboeuf

Points à relier

Relie les points avec un stylo et apprends à dessiner un métro en même temps.

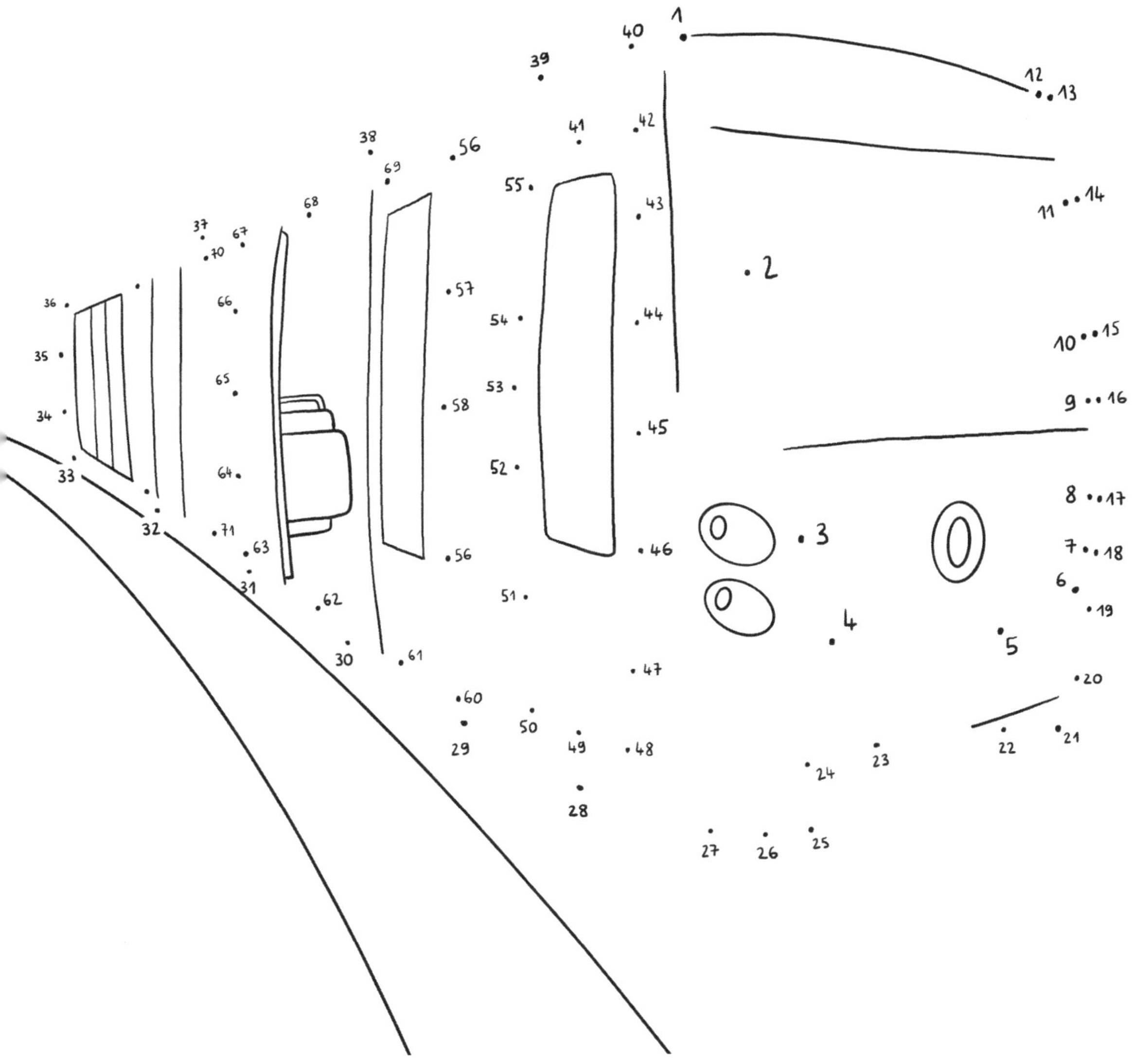

TEST ET QUIZ

Métroticônes

Sauras-tu retrouver quelles stations se cachent (à peu près) derrière ces émoticônes ?

💒 _ _   _ _ _ _ _ _ _ _

🤐 _ _   _ _ _ _ _ _

🗽 _ _ _ _ _ _ _

🗻🪣 _ _ _ _ _ _ _

🚪🐬 _ _ _ _ _   _ _ _ _ _ _ _ _

🚪🇮🇹 _ _ _ _ _   _'   _ _ _ _   _ _

🚪👙 _ _ _ _ _   _ _ _ _ _ _ _

🏛️ _ _ _ _ _ _

🀄🍚 _ _ _ _ _ _ _ _ _

🏰🔴 _ _ _ _ _ _ _   _ _ _ _ _

👳👳 _ _ _ _ _ _ _ _ _

🏠⚪ _ _ _ _ _ _   _ _ _ _ _ _ _

👴🎼🪑 _ _ _ _ - _ _ _ _ _ _ _ _

🔨🪳 _ _ _ _ _ _

🌉9️⃣ _ _ _ _   _ _ _ _

NOS RÉGIONS ONT DU TALENT

Rennes

ILS ONT DES CHAPEAUX RONDS...

En quelle année le métro rennais a-t-il été inauguré ?

1. C'était l'année soixante-deux !
2. 1999
3. 2002
4. 2021

Comment s'appellent les deux lignes du métro rennais ?

1. La ligne 1 et la ligne 2
2. Chouchen et Kenavo
3. Le loup, le renard et la belette
4. La ligne A et la ligne B

Comment s'appelle la société de transport chargée de son exploitation ?

1. Keolis
2. Manau
3. Matmatah
4. BreizhATP

Laquelle de ces célébrités est née à Rennes ?

1. Nolwenn Leroy
2. Rudolph, le renne du père Noël
3. Yann Tiersen
4. Aucune

Les Bretons sont-ils tous alcooliques ?

1. Oui
2. Sans aucun doute
3. Affirmatif
4. Je ne me rappelle pas

Lequel de ces départements ne fait pas partie de la Bretagne ?

1. Côtes-d'Armor
2. La Manche
3. Le Finistère
4. Le Morbihan

Anagrammes

Pascal Obispo est l'anagramme de Pablo Picasso.
Mais de quelles stations de métro les mots suivants sont-ils les anagrammes ?

TRAVIOLE ....

APERO ....

BOISERIES ....

TRIQUE ....

RETINES ....

CYBER ....

LE CIGARE ....

PILLAGE ....

MON SLIP ....

FAUX RELIEF ....

PIETON PERDANT ....

PETIT CONNARD ....

LE ZOMBI CHTI ....

NU SPATIAL ....

LEGER APHTE ....

CE CORDON ....

AGITE ....

TON ADN ....

BRUTALE ....

SA PSY ....

AMULETTE ....

PEPE TROLL ....

ATELIER CRÉATIF

Imagine le reste

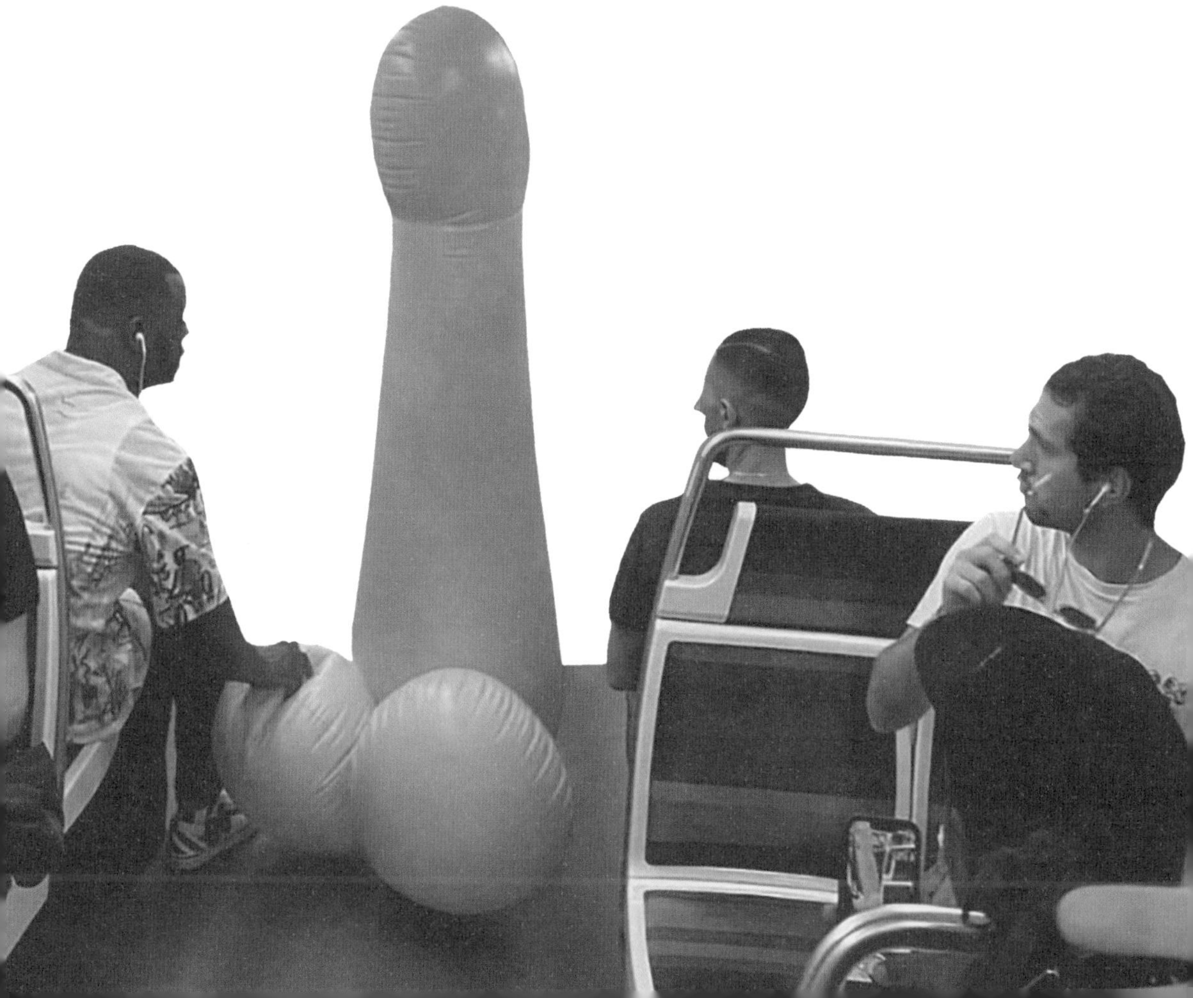

Toulouse

LA VILLE RÂUSE

En quelle année le métro toulousain a-t-il été inauguré ?

1. 1993
2. 1998
3. En l'an de grâce 1123
4. 2004

Combien de lignes composent le métro toulousain ?

1. Une ligne
2. Deux lignes
3. Trois lignes
4. Autant que dans un doc Excel : 1 048 576

Combien de stations peut-il desservir ?

1. 15
2. 21 (si on ne compte pas la Station spatiale internationale)
3. 28
4. 37

Laquelle de ces célébrités ne vient pas de Toulouse ?

1. Jean-Luc Reichmann
2. Claude Nougaro
3. Sébastien Roch aka Cricri d'amour
4. Toulouse-Lautrec

L'accent toulousain est-il énervant ?

1. Oui
2. Sans aucun doute
3. Affirmatif
4. Qui es-tu pour critiquer la ville râuse ?

Combien de fois le Stade toulousain a-t-il remporté la Coupe d'Europe de rugby ?

1. 3 fois sans frais
2. 5 fois
3. Je ne vois vraiment plus le rapport avec le métro
4. 7 fois

Mots croisés

Trouve 15 stations du métro parisien.

Horizontal
3. Buenos Aires est sa capitale
7. Elle ne s'est pas faite en un jour
8. Elle fut détruite en 1789
10. Ancien roi d'Angleterre
11. Canal du bassin parisien
13. Parfois en coquille
14. Desservie par 5 lignes de métro
15. Quartier chaud

Vertical
1. On lui doit la chanson l'Aigle noir
2. Siège historique du Parti socialiste
4. Garnier ou Bastille
5. Péninsule annexée
6. Elle vend des truites
9. Fades
12. Pays

LE DROIT DE SAVOIR

Métro, boulot, dodo

Si cette expression résume tristement la routine de ta vie, je te propose d'enfoncer le clou en apportant une réponse à la question que personne ne se pose :
« D'où vient l'expression Métro, boulot, dodo ? »

Il faut remonter à 1951 pour en trouver l'origine, au travers de ces quelques vers tirés d'un poème de Pierre Béarn, qui, dans son recueil *Couleurs d'usine*, semblait déjà respirer la joie de vivre.

Au déboulé garçon pointe ton numéro
Pour gagner ainsi le salaire
D'un morne jour utilitaire
Métro, boulot, bistro, mégots, **dodo,** zéro

Ces derniers mots sont restés dans les esprits et c'est lors des événements de mai 68 que l'expression a explosé en devenant l'un des slogans des manifs étudiantes. Ce slogan est devenu culte, au même titre que les phrases ci-dessous :

« Je n'attends pas qu'on me rende ma liberté, je la prends. »
Pierre. Star Academy 3.

« Mais tu es qui, toi, Nehuda ? »
Fabrice Sopoglian. Parrain des Anges 9 : Back to paradise.

« Je file m'occuper de l'Ukraine. »
Valérie Pécresse. 22 février 2022.

Sudokus

FACILE

			9	5				4
		9	6		1	8		3
							1	
8								
	7	5	4				6	
		2			7			
	2	4			5		3	
	8				2			
3		6	7	8				2

DIFFICILE

			6					
				9			7	
	3		8	1		9	4	
	2		4		6			7
1	7	6				5		
		9	5					
		8						
7						3		
6		1						2

NOS RÉGIONS ONT DU TALENT

Lille

UN CH'TI TEST <3

En quelle année le métro lillois a-t-il été inauguré ?

1. En 1983
2. En 1993
3. En l'an 2394
4. En 2003

De combien de stations dispose le métro lillois ?

1. 3,1415926535897932384 62...
2. 20
3. 40
4. 60

Combien coûte un ticket de métro à Lille ?

1. 1,20 €
2. 1,70 €
3. 100 000 $ en petites coupures
4. 1,90 €

Laquelle de ces stations de métro lilloises n'existe pas ?

1. Port de Lille
2. Lille Grand Palais
3. Hôtel de Lille
4. Gare Lille-Europe

Laquelle de ces célébrités est originaire de Lille ?

1. Lil' Kim
2. Rouget de Lisle
3. Lil Nas X
4. Steevy Boulay

Laquelle de ces Miss n'a pas été Miss Nord-Pas-de-Calais avant d'être Miss France ?

1. Iris Mittenaere
2. Martine Aubry
3. Camille Cerf
4. Maëva Coucke

Mots cachés

Trouve un sens à ta vie ainsi que les mots cachés à l'horizontale, à la verticale et en diagonale.

F	F	R	O	T	T	E	U	R	M	H	L	J	V
W	P	E	V	D	P	C	Y	Q	E	N	V	U	I
H	E	G	F	P	O	L	E	O	N	X	O	E	E
N	W	I	Y	B	Y	O	N	T	D	L	L	T	I
R	L	S	R	L	D	C	C	E	I	T	O	P	L
N	W	U	N	D	F	H	E	U	A	B	I	I	L
F	X	I	T	H	O	A	I	F	N	X	T	C	E
X	J	C	H	O	F	R	N	E	T	F	B	K	K
H	U	I	U	O	U	D	T	U	D	X	C	P	E
F	N	D	X	D	G	R	E	R	E	I	R	O	X
I	K	E	U	C	J	L	I	S	B	Z	A	C	H
A	I	B	O	B	O	S	Z	S	M	Z	D	K	I
W	E	N	V	R	E	L	O	U	T	I	O	E	B
O	I	V	R	O	G	N	E	Z	M	E	S	T	U

Bobos / Crados / Exhib / Ivrogne / Mendiant / Relou / Teufeurs / Vieille / Clochard / Enceinte
Frotteur / Junkie / Pickpocket / Suicide / Touriste / Weirdo

ATELIER CRÉATIF

Coloriage

DES CHIFFRES ET DES LETTRES

Mots croisés

Trouve 15 stations du métro parisien.

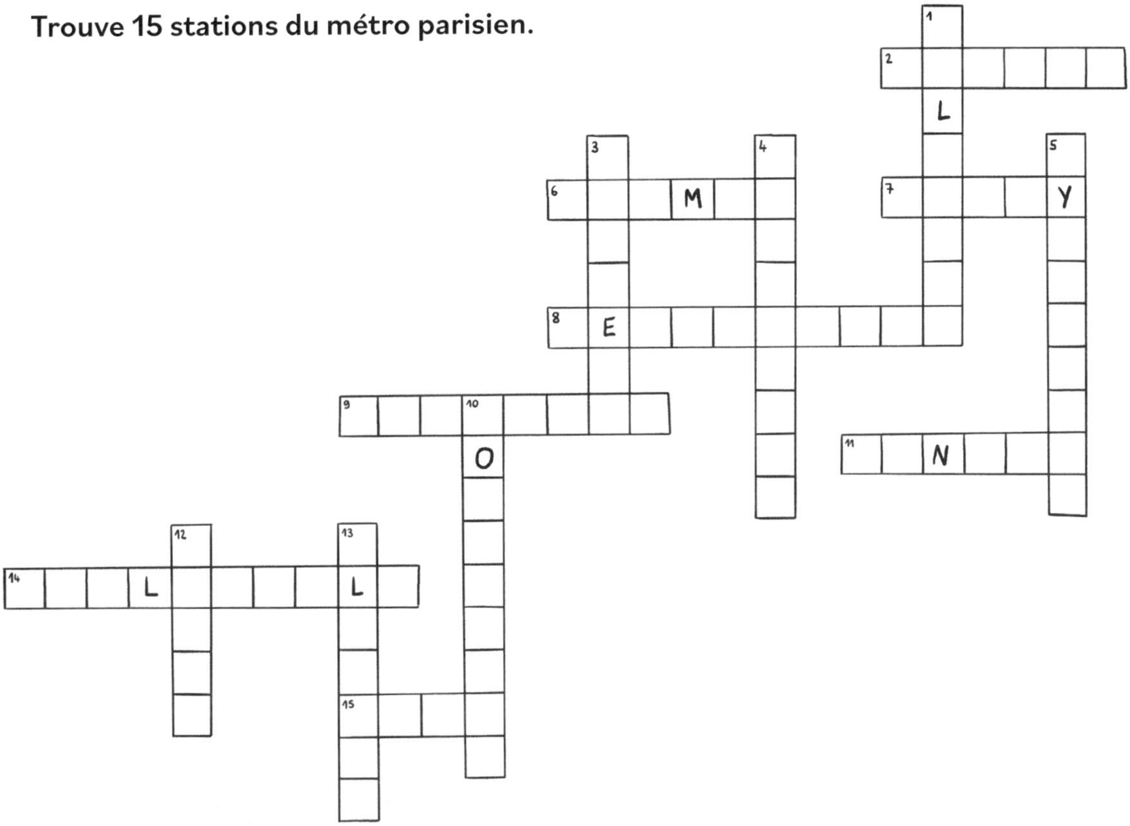

Horizontal

2. L'enveloppe des testicules
6. Arbuste à fleurs jaunes ou blanches très odorantes
7. Auteuil, Neuilly…
8. Mélenchon dit que c'est lui
9. Je ne l'aurai pas avec ce livre
11. Un fleuve allemand
14. Beautiful city en français
15. Elle est de la peur avec Alain Chabat

Vertical

1. Un pote de Zadig
3. Il a mis au point un vaccin contre la rage
4. Infirmes
5. Elles sont trois à Gizeh
10. Dents artificielles
12. Dorothée l'a rempli 57 fois
13. Elle est de Castille

DES CHIFFRES ET DES LETTRES

7 à toi de jouer

Tu as compris le jeu de mots dans ce titre ? Tu connais le S Club 7 ? Tu regardais *7 à la maison* ?

Alors tu sauras sans nul doute trouver 7 mots en lien avec la thématique « Dans le métro ». Les pointillés correspondent au nombre de lettres à placer. Les lettres surlignées en bleu sont celles à utiliser.

Lyon

C'EST BOU-
CHONNÉ

En quelle année le métro lyonnais est-il entré en service ?

1 En l'an 40
2 En 1974
3 En 1984
4 En 1994

Combien de lignes composent le métro lyonnais ?

1 2 lignes
2 La ligne de vie, la ligne de cœur et la ligne de chance
3 4 lignes
4 5 lignes

Quel est l'objectif du projet « Avenir Métro » ?

1 Augmenter la capacité des rames aux heures de pointe
2 La création d'une nouvelle ligne de métro
3 L'arrivée du wifi sur tout le réseau
4 Proposer les services d'une voyante dans chaque station (avenir… métro… tu l'as ?)

Laquelle de ces célébrités n'est pas née à Lyon ?

1 Jean-Michel Jarre
2 Stéphane Bern
3 Le Roi Lion
4 Katsuni

Quelle barre chocolatée est vraiment meilleure qu'un Lion ?

1 Un Snickers
2 Un Bounty
3 Un Mars
4 Un KitKat

En argot lyonnais, que signifie : « Se cigogner la panserotte » ?

1 Valider son ticket de métro
2 Danser
3 Se battre
4 Se masturber

DES CHIFFRES ET DES LETTRES

Sudoku diabolique

7			D	A							1	F			C
		A	F		E		C	G		3		6	8		
	3	5			B	F	1	8	6	C			G	D	
B	G					8			F					3	7
F				E			7	D			C				1
	E	C			5	1			A	9			F	B	
		7	1		A	3	B	F	5	G		2	9		
	A	B		C		D			2		3		6	7	
	D	G		3		B			8		2		7	6	
		4	6		2	A	G	3	E	F		C	B		
	B	2			7	6			G	D			1	A	
3				D			E	B			6				5
2	1					4			C					F	A
	C	9			6	E	F	A	3	7			D	2	
		D	G		3		2	9		1		B	E		
6			3	B							E	1			9

« BON CHANCE... »

Anagrammes diaboliques

Quel âge a ton cerveau ? Il est temps de le découvrir en trouvant de quelles stations les expressions ci-dessous sont les anagrammes.

CET URINOIR A CON ....

AME AU CALMAR ....

THON PEU RAPIDE ....

BAL D'AIGRI ....

BOITES A MARINS ....

JOLI CANARD EVENTRE ....

REPAS SUBVENTIONNE, AMEN ....

.... RENES EN CHOCOLAT ....

BACHOTER SA BROCHURE ....

.... UTERUS A MARIN ....

TA ROUE GAUCHE ....

LE PEDE PHALLOCRATE ....

LE DIPLODOCUS BOUGONNE TANT ....

.... LE SS IGNOBLE ....

BRULONS-Y LE CANON ....

UN NOBLE ENVOLE ....

PREMEDITER UN LOTO ....

PLAN D'EGOUT INCORRECT ....

SAPIN ET GRAVIERS ....

NUIT A INVITER DES SEINS ....

LE DROIT DE SAVOIR

?¿

20 phrases que l'on peut dire pendant l'amour et en prenant le métro

1 J'ai pas pu rentrer, y avait trop de monde dedans.

2 C'est moi ou ça sent la pisse ?

3 À chaque fois, au bout de 15 minutes je suis en sueur.

4 Chéri, laisse ta place à la vieille dame.

5 Merci de patienter, le service reprendra dans quelques instants.

6 Putain c'est pas vrai, y a plus de jus.

7 On laisse les gens sortir avant de rentrer SVP.

8 Ne mets pas les doigts ou tu risques de te faire pincer très fort.

9 Désolé, je me suis encore trompé de sens.

10 Il reste une petite place ?

11 Il y a une queue énorme à l'entrée.

12 Pardon, je suis enceinte.

13 Je passe dans un tunnel.

14 On peut facilement tenir à 5, surtout si on se tasse à l'arrière.

15 Tu peux mettre ton masque STP ?

16 Le prochain arrive dans 4 minutes.

17 Excusez-moi, je peux m'asseoir ici ?

18 C'est votre sexe que je sens derrière moi ?

19 Les filles, tout le monde a son ticket de métro ?

20 Je suis rentré dans la première bouche que j'ai croisée.

Allez, à toi de jouer ! Trouve l'inspiration pour en écrire 5 de plus.

21 ....

22 ....

23 ....

24 ....

25 ....

TEST ET QUIZ

Orgasme ou colis piégé ?

ATELIER CRÉATIF

Le jeu des 7 différences

Sauras-tu retrouver les 7 différences (ou un peu plus, ou un peu moins, peu importe en fait) sur cette photo ? Entoure-les au stylo ou liste-les plus bas.

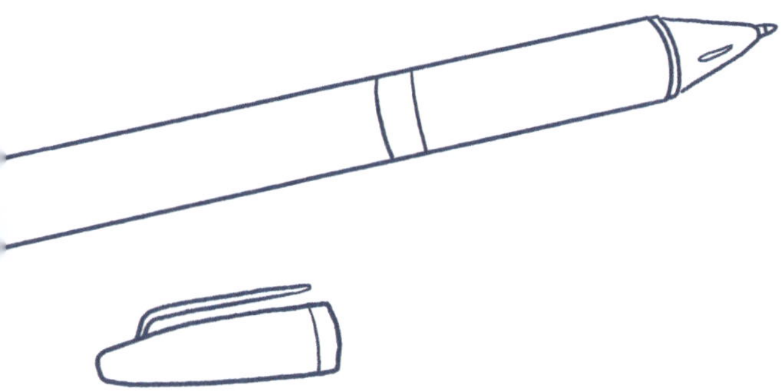

Différences :

1 ______________________________

2 ______________________________

3 ______________________________

4 ______________________________

5 ______________________________

6 ______________________________

7 ______________________________

LE DROIT DE SAVOIR

Les 10 trucs interdits dans le métro

Dans le métro parisien, il y a plein de règles que personne ne respecte vraiment ; on se doute qu'elles existent mais on fait comme si on n'en savait rien pour vivre plus sereinement.

1 L'oubli d'objet dans un véhicule ou dans un espace de la RATP

On sait que les bagages abandonnés font chier tout le monde dans le train, dans le RER et même dans le métro, mais est-ce que tu sais combien ça coûte d'oublier un sac dans le bus ou le métro parisien ? 150 balles. Eh ouais, quand même. Mieux vaut s'acheter un nouveau sac que d'aller le réclamer.

2 Le transport irrégulier d'animal dans un véhicule

Jusqu'à récemment, les chiens qui ne tenaient pas dans un sac devaient être équipés de leur propre ticket de transport. Genre ils devaient l'acheter eux-mêmes avec leurs petites pattes, un délire ce truc. Maintenant, les chiens n'ont plus besoin de payer mais la RATP est plus stricte quant aux animaux autorisés dans les transports : uniquement les chiens tenus en laisse et les animaux enfermés dans un sac ou une cage. On ne verra donc plus ni chèvres ni poneys dans le métro, et c'est bien dommage.

3 L'occupation indue d'une place réservée

On sait bien que certaines places sont réservées aux personnes qui ont un handicap ou qui portent la vie. Évidemment, on a tous déjà occupé ces places à l'occasion, mais figure-toi que ce comportement est punissable d'une amende de 150 €. Même quand personne ne les utilise. Un scandale.

4 La distribution de tracts

Tu t'es déjà demandé pourquoi des gens distribuent des tracts à la sortie du métro mais jamais à l'intérieur ? Tout simplement parce que c'est interdit. Si tu veux faire ta pub dans les couloirs, tu devras simplement t'acquitter de 40 000 € pour une semaine. C'est simple comme bonjour.

5 Emprunter un couloir en sens interdit

Les couloirs du métro sont souvent bondés et pour couper les sens de circulation (et réserver des voies en cas d'urgence), il existe des couloirs avec des panneaux sens interdit. Innocemment, je pensais que ces panneaux étaient là pour éviter qu'on s'égare, mais en fait on peut vraiment choper une amende de 25 € si on se perd dans ces couloirs. Et si tu prends une sortie pour entrer dans le métro, c'est 60 balles d'amende. Ça fait mal.

6 Prendre des photos ou filmer sans autorisation

Askip, il est formellement interdit de diffuser sans autorisation préalable des photos ou des vidéos prises dans les espaces de la RATP. Problème, tout le monde s'en carre l'oignon et dégaine son téléphone à la première occasion. Y a même un compte Insta qui repose entièrement là-dessus.

7 L'usage d'appareil ou d'instrument sonore

Il est absolument interdit d'utiliser un instrument ou une enceinte dans le métro.
Really???

8 Le séjour d'une personne en état d'ivresse manifeste

On sait tous que l'ivresse est interdite sur la voie publique, ça vaaa. Mais on fait comment pour rentrer du bar complètement caisse si on n'a pas le droit de prendre le métro ? Vous préférez qu'on prenne la voiture ?

9 La détérioration d'une publicité

Vu ce que les annonceurs payent, on n'est pas surpris d'apprendre qu'il est interdit de dégrader ou d'arracher des affiches publicitaires. Si tu veux ajouter une inscription au marqueur sur une affiche, pense à guetter les contrôleurs pour ne pas être allégé.e de 150 balles.

10 Le maintien dans un véhicule au terminus

Ça t'est déjà arrivé de t'endormir dans le métro et de te réveiller au terminus ? Quand ça arrive, tu te fais réveiller par le chauffeur qui, selon son humeur, te laissera partir sans souci ou appellera la sécurité pour te coller une amende (de 150 balles, encore une fois).

Nice

HÉ COUCOU BRICE ! ÇA FARTE ?

Quand la ville de Nice a-t-elle inauguré son métro ?

1. En 1986
2. En 1992
3. En 1998
4. Jamais

Laquelle de ces stations peut-on trouver à Nice ?

1. Garibaldi
2. Promenade des Anglais
3. Nice to meet you
4. Baie des Anges

Christian Estrosi a-t-il déjà pris le métro à Nice ?

1. Oui
2. Non
3. Peut-être
4. Christian qui ?

Laquelle de ces chanteuses n'est pas née à Nice ?

1. Jenifer
2. Priscilla
3. Rose
4. Charlotte Gonin, plus connue sous son nom d'artiste : Vitaa

En 2003, dans l'émission Nice People, comment s'appelait le candidat français ?

1. François le Français
2. Prosper
3. Casimir
4. Michael

Quelle est la bonne orthographe de cette spécialité niçoise ?

1. Le pan bagnat
2. Le pain bagna
3. Le pain bagnat
4. Le pan bagna

Le bouche-trou

La ligue des frotteurs du métro a sévi...
Curieusement, les noms de certaines stations ont été vandalisés.
Sauras-tu relier les lettres manquantes à la station à laquelle elles correspondent ?

CONNE	_ _ _ _ILLON MON_ROUG_
CHATTE	
LESCOUILLES	_H_LI_P_ AUGUSTE
MAPINE	
ANALE	GRANDS _ _ _ _ _VARD_
BITE	_ _ _ _ _ _O_V_LLE
QUEN	_ _BLIO_H_ _ _ _ FRA_ÇOIS MITTERRAND
BONNE	_ _ _TO_ _ FRANCE
NUE	_ _RCADET _O_SSON_I_RS
BOULES	_ _ _ _ _ _RT_ _ _ _ _
PIPE	_AMBR_ _ _ _

7 à toi de jouer

Tu connais les noms des 7 nains ? Tu as vu le film Seven ? Tu sais combien il y a de jours dans une semaine ?

Alors tu sauras sans nul doute trouver 7 mots en lien avec la thématique « Rime avec métro ». Les pointillés correspondent au nombre de lettres à placer. Les lettres surlignées en bleu sont celles à utiliser.

TEST ET QUIZ

Trouve le film à partir du pitch

C'est Denzel Washington qui est genre agent de la RATP, mais à New York. Il se fait un peu chier dans son taf jusqu'au jour où le trafic est interrompu par John Travolta.

1 *Bone Collector*
2 *Pulp Fiction*
3 *L'Attaque du métro 123*

C'est l'histoire d'un juif caché dans les caves d'un théâtre à Paris pendant la Seconde Guerre mondiale et qui se rend compte que sa femme est tombée amoureuse de Gérard Depardieu.

1 *Le Dernier Métro*
2 *Avatar*
3 *La Vie est belle*

À la base c'est un roman, mais ils en ont aussi fait un film. Si tu es un peu teubé, il est possible que tu penses que c'est l'histoire d'une chanteuse qui prend la ligne 13 pour la première fois.

1 *Zazie dans le métro*
2 *Spice World, le film*
3 *Crossroads*

La légende raconte que Luc Besson a eu l'idée de ce film après avoir mangé un sandwich bœuf pastrami accompagné de petits cornichons et de sa moutarde à l'américaine.

1 *Lucy*
2 *Subway*
3 *Le Cinquième Élément*

C'est une nana qui conduit un bus à toute berzingue pendant deux heures sans le faire exploser mais qui finit quand même par se retrouver menottée à une ceinture d'explosifs dans un métro.

1 *Dernier train pour Busan*
2 *Fast and Furious*
3 *Speed*

TEST ET QUIZ

Dis-moi sur quelle ligne tu vis et je te dirai qui tu es

LA LIGNE 1

En stage à la SoGé / Déjeune chez Quinte & Sens / Possède le dernier iPhone

LA LIGNE 2

Créatif.ve et audacieux.se / Vit dans un appart' aux poutres apparentes / Médite et mange bio

LA LIGNE 3

Toujours entouré.e d'ami.e.s / Travaille dans les RH / Écoute RTL2 le son pop rock

LA LIGNE 3 BIS

Chétif.ve et timide / Trouve la sauce aigre-douce trop piquante / A lu tous les Guillaume Musso

LA LIGNE 4

A roulé sa bosse / Populaire / Vote aux élections régionales

LA LIGNE 5

Toujours partant.e pour une soirée / Se drogue de manière récréative / Intermittent.e du spectacle

LA LIGNE 6

Parle beaucoup pour ne rien dire / Se met en avant / Cache son mal-être en mangeant trop

LA LIGNE 7

Gueule dès qu'il/elle est bourré.e / Pense que ses idées sont toujours disruptives / Ne jure que par la loi de Godwin

LA LIGNE 7 BIS

N'a pas Facebook / N'a pas de télévision non plus / Aime la nature et les différents types de thés

LA LIGNE 8

Jamais à l'heure / Insupportable et arrogant.e / Bizarrement très populaire malgré son caractère

LA LIGNE 9

Toujours là pour aider / Donne tous les mois à la WWF / Parfois un peu usant.e

LA LIGNE 10

Plus âgé.e que les autres / Fait des apéros dinatoires / Incapable d'argumenter

LA LIGNE 11

A toujours des bons plans originaux / Inexplicablement beau/belle / Ne va plus à la Machine du Moulin Rouge depuis 3 ans

LA LIGNE 12

Respecte les valeurs inculquées depuis l'enfance / S'ennuie en soirée mais essaie de socialiser / A un chat

LA LIGNE 13

Toujours là quand on n'a pas envie de le/la voir / Justifie toutes ses actions / Appelle « Chef » le gérant du kebab en bas de chez lui/elle

LA LIGNE 14

Efficace et ordonné.e / Toujours de bonne humeur, même le lundi matin / A tendance à trop dire « genre »

ATELIER CRÉATIF

Points à relier

Relie les points avec un stylo et apprends à dessiner Serge le lapin en même temps.

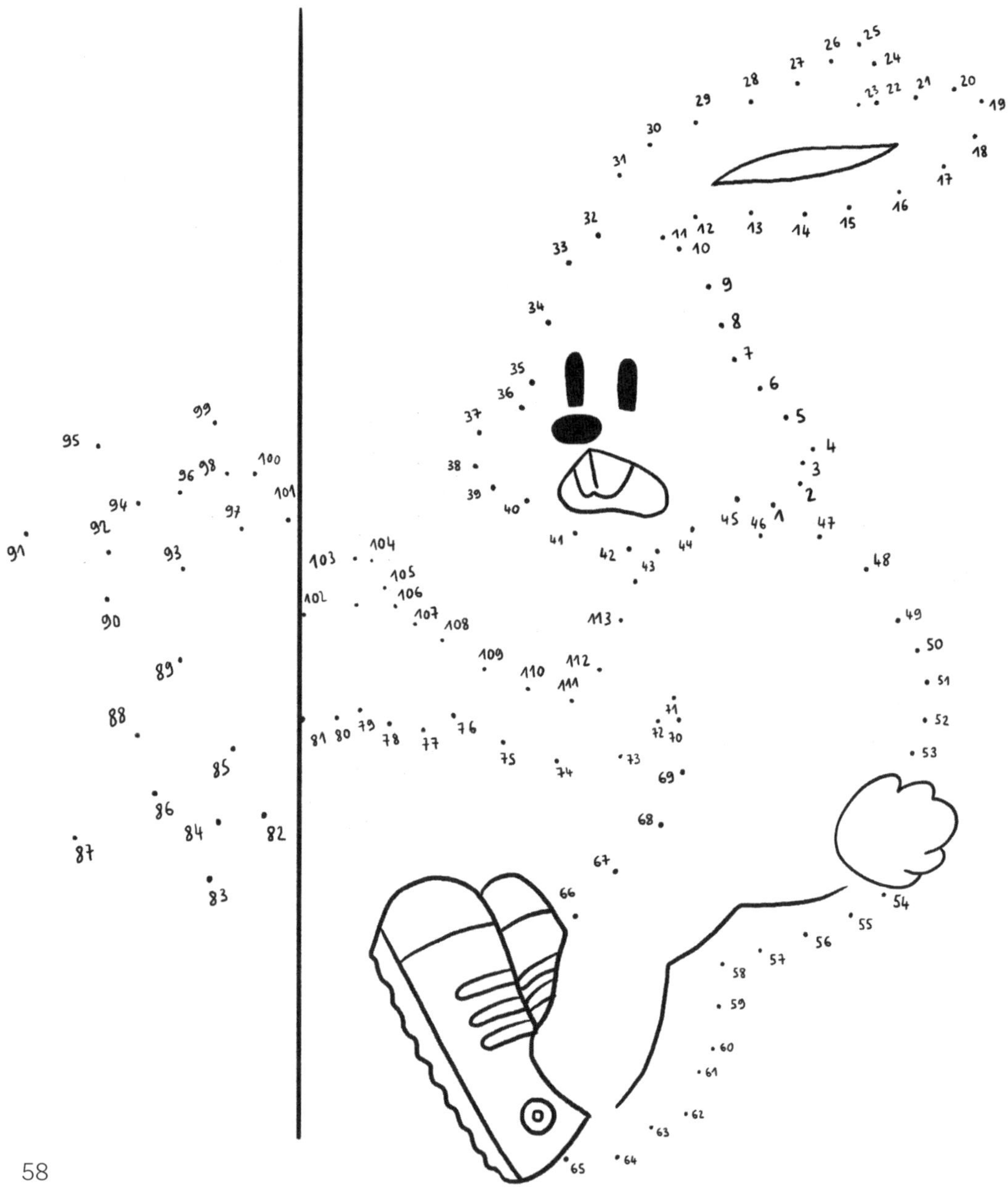

ATELIER CRÉATIF

Le jeu des 8 différences

Sauras-tu retrouver les 8 différences (ou un peu plus, ou un peu moins, peu importe en fait) sur cette photo ? Entoure-les au stylo ou liste-les plus bas.

Différences :

1 ____________________

2 ____________________

3 ____________________

4 ____________________

5 ____________________

6 ____________________

7 ____________________

8 ____________________

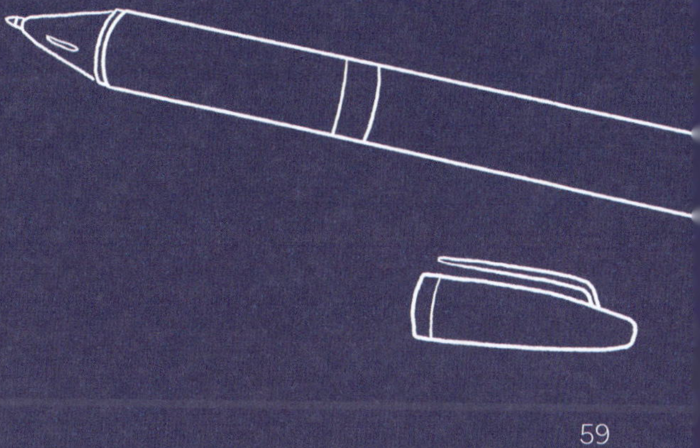

LE DROIT DE SAVOIR

Des chiffres et des chiffres

306 c'est le nombre de stations de métro à Paris.

1,5 milliard, c'est en moyenne le nombre d'usagers qui transitent par le métro parisien en une année.

21,6 km/h, c'est la vitesse moyenne de la ligne 4, la plus lente du réseau parisien.

24,3 km, c'est la longueur de la ligne 8, la plus longue de Paris.

550 000 c'est en moyenne le nombre d'usagers que la station Châtelet-Les-Halles voit passer chaque jour.

176 c'est le nombre de marches à monter (ou descendre) à la station Abbesses.

1,3 km, c'est la longueur de la ligne 7 bis, la plus courte de Paris.

36 mètres, c'est la profondeur à laquelle se trouve la station Abbesses.

70 km/h c'est la vitesse maximale autorisée du métro à Paris.

1 500 c'est en moyenne le nombre de trains qui passent par Châtelet-Les-Halles chaque jour.

38,9 km/h c'est la vitesse moyenne de la ligne 14, la plus rapide du réseau.

100 c'est le pourcentage de Parisien.ne.s qui font la gueule dans le métro.

TEST ET QUIZ

Quel est ton nom de drag queen ?

L'initiale de ton prénom		L'initiale de ton nom
Alaska		Argentine
BeBe		Bel-Air
Chi Chi		Charonne
Denali		Duroc
Elektra		Exelmans
Farrah		Falguière
Gigi		Glacière
Halal		Hoche
Ivy		Iéna
Jaida		Javel
Kim	+	Kléber
Latrice		Lourmel
Manila		Mirabeau
Nicky		Nationale
Ongina		Oberkampf
Pearl		Picpus
Raven		Rambuteau
Scarlett		Ségur
Trinity		Trocadéro
Valentina		Vavin
Willow		Wagram

À tous les Ugo, Quentin, Ursule et autres Xéna, Yohan et Zoé : SASHAY AWAY (seuls les vrais savent) ! Sorry guys, mais y a pas de stations de métro avec vos initiales.

Pour tous les autres, SHANTAY YOU STAY (les vrais savent aussi) ! Vous avez gagné le droit d'écrire fièrement votre nom de drag sur cette merveilleuse étiquette :

Perso, je suis Gigi Lourmel.

ATELIER CRÉATIF

Labyrinthe

Déjoue des pièges redoutables et aide ce rat à rejoindre ses rats sûrs.

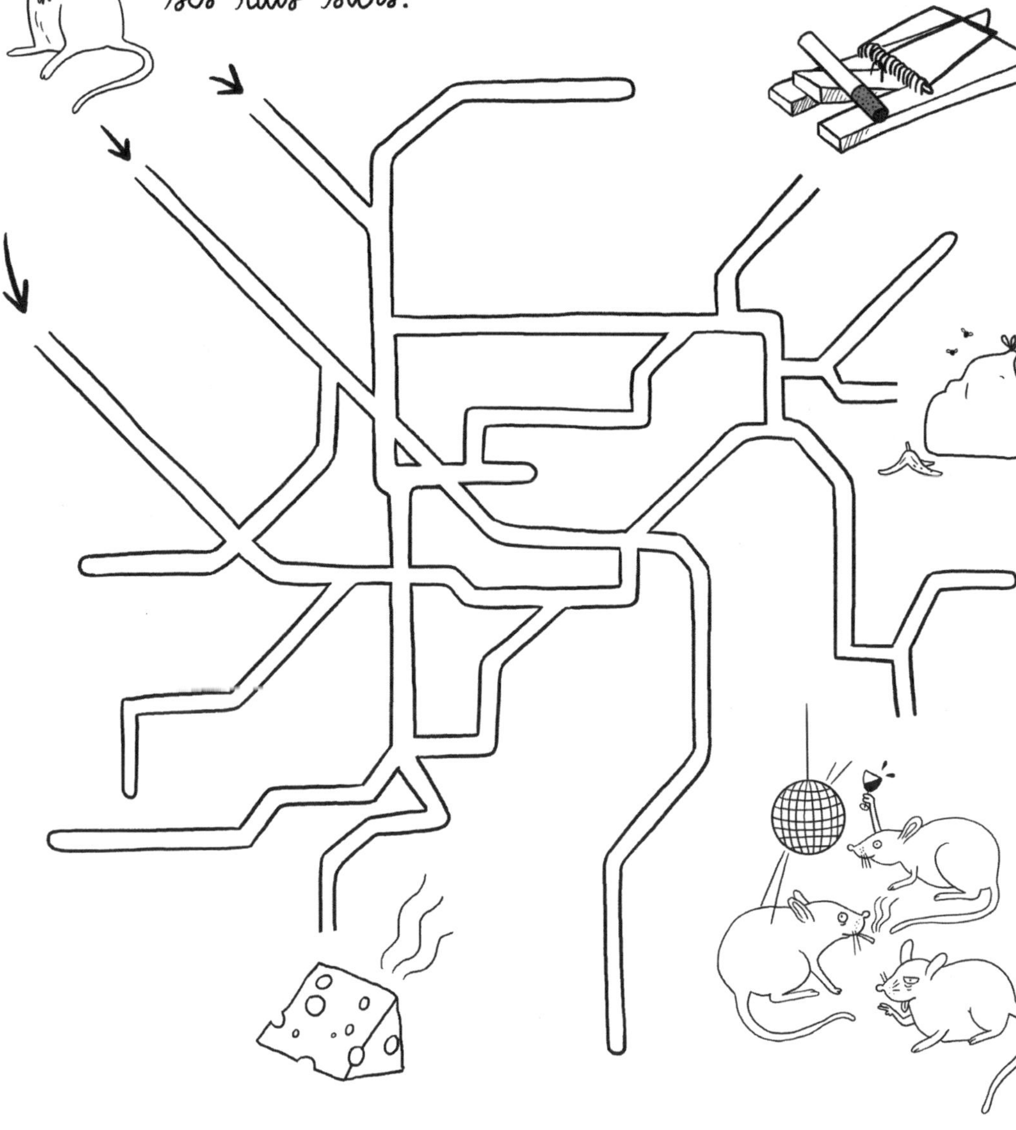

Mojidoku

C'est comme le sudoku, mais avec des lettres. En l'occurrence, tu dois utiliser celles-ci :
P Y R A M I D E S

			R	A				D
M	D		E	P		Y		
					Y			P
P		D	I	R		A		S
		S		E		M		
R		Y		S	D	P		E
D			P					
		P		M	E		R	A
E				Y	A			

LE DROIT DE SAVOIR

?¿

Le métro parisien en 10 dates

1852 Naissance le 27 janvier du petit Fulgence Bienvenüe, aka le concepteur du métro parisien. C'est lui qui a imaginé l'avant-projet d'un chemin de fer métropolitain souterrain pour la ville de Paris. À sa mort, en 1936, il fut décidé de lui rendre hommage en associant son nom à celui de Montparnasse, d'où la station « Montparnasse-Bienvenüe » (spoiler : ce n'est donc pas une formule de politesse).

1898 Le chantier du métro débute le 4 octobre, avec le lancement des travaux préparatoires à la construction de la ligne... 1 (logique).

1903 Le 10 août, un incendie provoque la mort de 84 personnes à la station Ménilmontant. C'est, à ce jour, la plus grande catastrophe connue sur le réseau du métro parisien.

1934 Le 3 février, une ligne de métro (la 9) sort pour la première fois de Paris intra-muros et dessert une commune de banlieue : Boulogne-Billancourt (Boulouloubi Boulouloubi).

1944 Les Allemands stoppent la ligne 11 en mai 44, l'une des plus profondes du réseau. Ils avaient pour projet de la transformer en usine d'armement souterraine.

1948 Création de la régie autonome des transports parisiens... La RATP *was born* !

1991 Clap de fin pour la 1re classe. Eh oui, 90 ans que le métro parisien fonctionnait un peu comme le Titanic. Les prolos devaient s'entasser à soixante dans une rame alors qu'à quelques mètres, deux ou trois dames bien coiffées se prélassaient sur leur banquette en compagnie de quelques messieurs fumant tranquillement leur pipe.

1998

C'est le lancement, que dis-je, l'inauguration de la ligne 14, la première ligne totalement automatisée du métro parisien, mais aussi la plus rapide.

2012

La ligne 1, doyenne des lignes parisiennes, est intégralement automatisée. Ce chantier avait débuté en 2007.

2022

Deux nouvelles stations sont créées : Aimé Césaire (c'est un écrivain, entre autres) et Mairie d'Aubervilliers (c'est une mairie, principalement). Elles prolongent la ligne 12 jusqu'à Aubervilliers.

ATELIER CRÉATIF

Points à relier

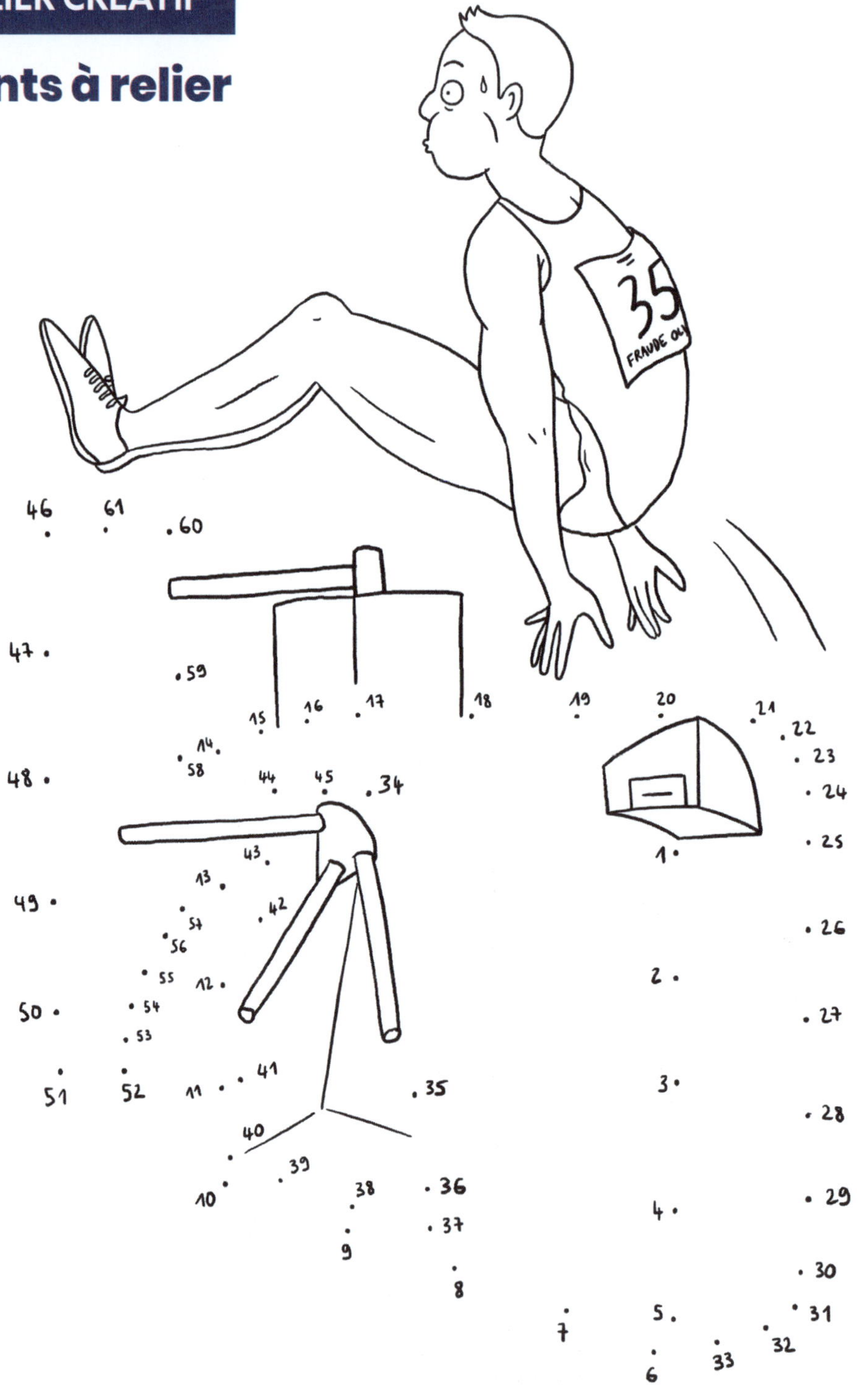

TEST ET QUIZ

Vrai ou faux ?

1 La station Pyramides a été créée en hommage à Osiris.

2 Il y a plus de pyramides au Soudan qu'en Égypte.

3 Un tunnel sous la station Pyramides mène directement en Égypte.

4 La station Pyramides a été créée en hommage à Pépita.

5 Il y a un métro en Égypte.

6 Une ligne de métro au Caire dessert la station Tour Eiffel.

Psycho test : es-tu fait.e pour conduire un métro ?

1. Selon toi, peut-on doubler un autre métro par la droite ?

■ Seulement quand il y a des ralentissements, à très faible vitesse.

▲ Non, jamais !

● Oui, en Angleterre et dans les tunnels exclusivement.

2. Est-ce que tu t'assures que tout le monde est monté à bord avant la fermeture des portes ?

▲ Tout le temps, l'humain est prioritaire.

■ La plupart du temps, sauf sur la route des vacances.

● Rarement, car même dans la vie en général je fais semblant de ne pas voir les gens.

3. T'arrive-t-il de griller des feux rouges ?

▲ Orange mûr, tu veux dire ?

● Non, et je m'arrête même au feu orange car j'aime me faire klaxonner.

■ Aucune idée, je suis daltonien.ne.

4. Selon toi, peut-on slalomer entre les métros ?

● Souvent, pour gagner du temps..

▲ Jamais, c'est hyper dangereux.

■ Un coup à droite, un coup à gauche, mais (presque) toujours avec le clignotant.

5. Quand tu es au volant, tu te la joues plutôt...

■ Vin Diesel dans Fast and Furious.

▲ Ryan Gosling dans Drive.

● Samy Naceri dans Taxi.

6. Peut-on faire une queue de poisson à un métro ?

- ● Seulement le 1er avril, c'est rigolo.
- ▲ Quand j'y suis vraiment obligé.e.
- ■ Je fais la queue parfois, mais le poisson, qu'est-ce qu'il vient faire là-dedans ?

7. Où est ton portable quand tu conduis ?

- ■ Rangé dans la boîte à gants.
- ▲ Sur le siège passager, ou dans mon sac, ou dans la portière, je suis toujours en train de le chercher.
- ● À mon oreille.

Tu as obtenu une majorité de triangles, de carrés ou de losanges ? Félicitations ! Tu as obtenu le droit de prendre connaissance des 4 points ci-dessous si un jour tu décides de tout plaquer pour devenir conducteur.trice de métro :

1. Il faut être âgé.e de 21 ans au moins, avoir Bac +2 et un an d'expérience professionnelle. L'embauche se fait à l'issue de tests psychotechniques et d'une visite médicale pour apprécier la vue, l'audition et les réflexes du ou de la candidat.e.

2. S'ensuit une formation en alternance de 10 semaines, rémunérée, avec épreuves de contrôle continu, examens écrits et oraux et permis de conduite de métro.

3. Les horaires de travail se font par roulement (matin, après-midi ou nuit) de 5h à 1h30.

4. Un.e conducteur.trice de métro débutant.e gagne environ 1 855 € brut mensuels hors primes sur 13 mois.

Énigmes

Les Spice Girls dans le métro

Mel B n'est pas celle qui prend le plus le métro, ni le moins.
Victoria le prend plus que Mel C.
Emma le prend plus que Mel B.
Mel B le prend plus que Geri mais moins que Victoria.
Mel C le prend plus qu'Emma.
Laquelle de ces Spice Girls prend le métro le plus souvent ?

Y a-t-il quelqu'un dans la rame ?

Tu te trouves dans une rame de métro à bord de laquelle montent 6 femmes, dont 1 est enceinte, et 12 hommes, dont 3 musiciens. À la station suivante, 5 personnes descendent mais 7 hommes et 6 femmes montent à leur tour. À l'arrêt suivant, 21 personnes descendent et 4 femmes montent.
Combien de personnes reste-t-il dans cette rame ?

Qui suis-je ?

Il y en a un dans une minute, deux dans un moment et aucun dans une heure. Ce n'est pas le prochain métro, mais pourtant il y en a un à l'intérieur.
Réponse :

Le métro en compte des centaines à Paris.

Si elle est cousue, on reste sans rien dire.
Réponse :

Elle vit au fond de l'eau.

C'est une station de métro.
Elle est très convoitée.
La nuit, elle peut filer.
Réponse :

DES CHIFFRES ET DES LETTRES

Rébus

Sauras-tu retrouver les stations de métro qui se cachent derrière ces rébus plus alambiqués les uns que les autres ?

1. TTTTTT

2. DO RÉ MI FA SOL LA DO

3. L
I
N
E
M

4. MET O
R

5. SREVNA

6. N'EST PLUS TOUTE NUE

Et là, c'est le tram…

Terminus, Gotram City !

Parce que ce cahier a pour vocation d'être un best-seller dans la France entière, je m'éloigne brièvement du métro parisien pour susciter l'intérêt de nos compatriotes qui n'ont pas la chance d'avoir un métro et qui doivent se contenter… d'un tram. Alors oui, le tram est au métro ce que Najoua Belyzel est à Mylène Farmer, mais qui suis-je pour juger ?

Relie la ville au fun fact qui lui est associé, sachant que le fun fact commun à ces 10 villes est qu'elles ont toutes un tram ! (C'est hilarant, non ?)

DIJON ○	● Rouget de Lisle y a écrit La Marseillaise
STRASBOURG ○	● C'est là que la machine à coudre a été inventée
GRENOBLE ○	● On peut voir un éléphant géant se promener dans ses rues
MONTPELLIER ○	● Ville jumelée à Dallas aux États-Unis
SAINT-ÉTIENNE ○	● Vegedream y est né
ORLÉANS ○	● Ivre, un habitant de cette ville a jeté son ex par la fenêtre puis a attendu la police en sirotant un verre de vin
ROUEN ○	● S'y trouve la plus grande usine de Nutella au monde
NANTES ○	● La noix est sa spécialité
BREST ○	● Cette ville a été la capitale de la France pendant quelques semaines en 1940
BORDEAUX ○	● Possède la plus ancienne faculté de médecine en exercice au monde

QUI MEME PRENDRA LE MÉTRO

Vous auriez pas du crack par hasard ?

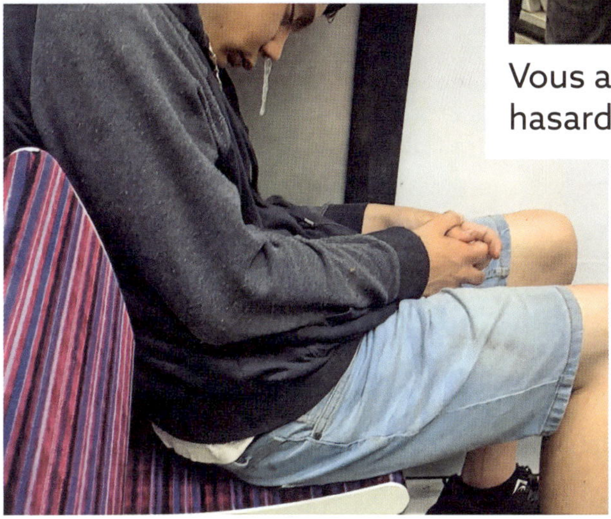

POV: c'était pas si mal les masques

Toi, face à ton destin

Mythique

Love goals

Terminus, tout le monde décède

Les dents dans le métro 2

Les dents dans le métro

Rue du bac

Trouve l'amour et un mot dans chaque catégorie commençant par les lettres M E T R O. J'ai laissé quelques suggestions…

	M	E	T	R	O
UN BRUIT					
LE PRÉNOM DE QUELQU'UN DE FOURBE					
UN CADEAU POURRI				RADIS	
UN TRUC QUI FAIT PEUR					
UN.E CHANTEUR/CHANTEUSE RINGARD.E					
UNE COMMUNE FRANÇAISE DE MOINS DE 300 HABITANTS					
UN TRUC PAS BON					
UNE MARQUE D'ALCOOL				RICARD	
UN TRUC MOCHE					
UN GROS MOT		ENCULÉ			
UN FROMAGE TYPIQUE					OSSAU-IRATY
UN TRUC VIEUX					
UN PLAT QUI SE DIGÈRE MAL					
QUELQU'UN QUE TU DÉTESTES	MICHEL LEEB				
UN MOT QUI SE TERMINE PAR "ASSE"		ÉCHASSE			
UN TRUC MAUVAIS POUR L'ENVIRONNEMENT					

TEST ET QUIZ

La playlist du métro

Accordéon, violon, vocalises ou saxophone… dans le métro, n'importe qui est susceptible de ~~massacrer~~ sublimer le patrimoine musical mondial.
À toi de classer ces hits en fonction de leur date de sortie, du plus ancien au plus récent !

- ○ **« Ai se eu te pego »** *par Michel Teló (Ah si je t'attrape* en portugais *)*
- ○ **« Bésame mucho »** *(la chanson espagnole la plus reprise du xxe siècle)*
- ○ **« Mon amant de Saint-Jean »** *par Patrick Bruel*
- ○ **« Bella Ciao »** *(version La Casa de Papel)*
- ○ **« La Vie en rose »** *d'Édith Piaf*
- ○ **« Balada »** *(Tchê Tcherere Tchê Tchê) de Gusttavo Lima*
- ○ **« Kalinka »** *(chant russe traditionnel)*
- ○ **« Hasta siempre »** *(Comandante Che Guevara) par Nathalie Cardone*
- ○ **« La Bohème »** *de Charles Aznavour*
- ○ **« Les Champs-Élysées »** *de Joe Dassin*

COLLAGE

Colle la photo de ton ex sur l'image de ton choix.

AGNÈS BOUQUET
J'AI ÉPOUSÉ UN CON

BÊTES DE SEXE
la séduction dans le monde animal
Palais

Message absurde

La phrase ci-dessous est cryptée par un procédé simple : toutes les lettres la composant doivent être décalées d'un rang dans l'alphabet, vers l'avant ou vers l'arrière. À toi de découvrir ce que signifie ce mystérieux message :

"BUUFOUJPO B MZ NBSDIF FO EFTDFOEBOU EV USBJO"

Et pour mes polyglottes sûrs, 3 phrases bonus à décrypter :

"QMFBTF NJOE UIF HBQ CFUXFFO UIF USBJO BOE UIF TUBUJPO"

"CJUUF BDIUFO TJF BVG EJF MVDLF AXJTDIFO AVH VOE CBIOTUFJHLBOUF"

"BTIJNPUP OP HP DIVJ LVEBTBJ"

DES CHIFFRES ET DES LETTRES

Mo-Mo-Motus

Prends-toi pour Thierry Beccaro ou pour une boule noire le temps de deviner ce mot de 10 lettres.

LETTRE VERTE = LETTRE BIEN PLACÉE

LETTRE JAUNE = LETTRE MAL PLACÉE

LETTRE NEUTRE = LETTRE QUI NE FIGURE PAS DANS LE MOT

S	O	U	R	I	C	I	E	R	E
S	C	E	N	A	R	I	S	T	E
S	T	E	R	O	I	D	I	E	N
S	T	R	I	P	T	E	A	S	E
S	T	R	A	S	B	O	U	R	G
S									

ATELIER CRÉATIF

Trouve le surmulot

Un de ces rats apparaît 7 fois, les autres seulement 6 fois. Cela fait donc de lui un surmulot. Si ça te fait chier et que t'as pas la réf', tu peux te contenter de faire du coloriage.

ATELIER CRÉATIF

Où est Mamie ?

Retrouve ta grand-mère qui s'est encore paumée dans les couloirs de Châtelet !

LE DROIT DE SAVOIR

?¿

Les 11 commandements du métro

DESCENDRE DE LA RAME, LES GENS TU LAISSERAS

Avant de monter comme un connard.

LORSQUE BONDÉ LE MÉTRO EST, DEBOUT À CÔTÉ DU CARRÉ, TU TE POSITIONNERAS

Cette technique appelée « l'entourloupe du vautour » permet de subtiliser une place dès qu'elle est libre. Elle devient cependant inutilisable dès lors qu'un homme ou une femme enceinte apparaît.

SI UN SAC À DOS TU PORTES, AU SOL, TU LE POSERAS

La raison est simple, un sac à dos ça casse les couilles à tout le monde.

LES GENS DANS LES YEUX, TU NE FIXERAS PAS

Ça fait plus flipper qu'autre chose.

ENTRE LES PORTES TON PÉNIS TU NE GLISSERAS PAS, OU DE TE FAIRE PINCER TRÈS FORT, TU RISQUERAS

Ne le sors jamais. Attends d'être dans un Castorama pour faire ça.

À DROITE DES ESCALATORS, TU RESTERAS

C'est un geste tout simple qui facilite grandement la circulation des gens. Tu seras un héros.

DES STRAPONTINS TON CUL, TU BOUGERAS

Surtout à l'heure de pointe. Sauf bien sûr si tu es enceinte ou si tu n'as plus de jambes.

SORTIR À CHÂTELET, JAMAIS TU N'ESSAIERAS

C'est un piège. La légende raconte qu'il n'y a aucune sortie connue à Châtelet, c'est juste un labyrinthe pour faire chier les touristes.

DES ÉCOUTEURS, TU METTRAS

On s'en fout que tu écoutes du Booba ou du Johnny. Par contre, si c'est du Willy Denzey, monte le volume qu'on puisse tous casser le mur du son.

AUX GENS QUI ONT FAIT UN SHOW POTABLE, DE L'ARGENT TU DONNERAS

Genre s'il y a des animaux, du feu, ou un trampoline.

SUR LES RAILS, TU NE TE JETTERAS PAS

Ça met tout le monde en retard et c'est chiant.

ATELIER CRÉATIF

Trace ta ligne

Trace ton propre plan de métro en respectant la contrainte suivante : relie les mêmes chiffres (le chiffre 1 au chiffre 1, etc…) de manière à ne jamais croiser une autre ligne et en remplissant toutes les cases.

			1					
3	6				7			
4						3		
		4				5	7	
					9	2	9	
		2					1	
				5			6	8
						8		

LE DROIT DE SAVOIR

Les métros dans le monde

Le métro le plus vieux

Il est à Londres. London pour les puristes. C'est le 9 janvier 1863 que la première rame du *Tube* a été mise en service (oui, pour les puristes, on dit le *Tube* en anglais, à ne pas confondre avec la *Teub* en français).

Le métro le plus propre

Il est à Paris. LOL. Non, il est à Singapour : interdiction de jeter un mégot, de cracher, de boire, de manger ou de mâcher un chewing-gum... Une propreté inégalée, avec en bonus une empreinte carbone réduite... Un exemple à suivre !

Le métro le plus sexiste

Titre racoleur. En vrai, c'est juste qu'à Tokyo, au Caire ou même à Rio, des rames sont réservées aux femmes aux heures de pointe pour lutter contre le harcèlement sexuel dans les transports.

Le métro le plus beau

C'est le métro de Moscou. Il a été conçu quasiment comme un musée, et il arrive même que des expositions de peinture soient organisées dans les rames. Les stations ont été pensées dès leur création comme des « palais souterrains »... et certaines sont classées au patrimoine culturel russe.

Le métro le plus aérien

C'est le SkyTrain de Bangkok. Comme son nom l'indique, il comporte deux lignes aériennes qui suivent les grands axes de la ville, comme Silom et Sukhumvit (ouais, je suis allé à Bangkok en 2009). En l'empruntant, on peut admirer les gratte-ciels du centre-ville, sympa.

Le métro le plus court

Il fait 3,2 km et compte 4 stations. C'est celui de Serfaus, un petit village du Tyrol en Autriche. Il a été conçu pour permettre aux skieur.se.s de rejoindre les stations de ski, afin que le village soit réservé aux piétons.

Le métro le plus artistique

Le métro de Stockholm est considéré comme la plus grande galerie d'art du monde. Le long de ce « musée souterrain » s'étendant sur 110 km se déploient des sculptures, des peintures, des gravures, des mosaïques, des installations, des reliefs, et j'en passe... Plus de 150 artistes y ont pris part (Stockholm, c'est en Suède).

Le métro le plus bondé

C'est simple, ils se trouvent tous en Chine (métros de Shanghai, de Pékin, de Guangzhou...). Zéro surprise.

Le métro qui ne dort jamais

Il suffit d'aller à New York ou à Copenhague (et donc de savoir dans quels pays se trouvent ces deux villes). Certaines lignes y sont entièrement automatisées et fonctionnent 24h/24, 7j/7.

Le métro le plus suspendu

Direction la charmante ville de Wuppertal en Allemagne, que traverse un monorail suspendu dans les airs à 12 mètres de hauteur. Acrophobe s'abstenir ! C'est aussi le plus vieux monorail au monde encore en activité. Fascinant.

Le métro le plus profond

Il se trouve à Kiev, en Ukraine. 105 mètres de profondeur. Tristement utile en cas de guerre.

Le métro qui se la pète le plus

Connu pour être le métro le plus rentable, le plus propre et le plus efficace au monde, le MTR (Mass Transit Railway) de Hong Kong force l'admiration. Grâce à lui, « la perle de l'Orient » peut se vanter d'être une des métropoles mondiales les moins dépendantes de la voiture.

Le métro le plus calme

S'étendant sur plus de 203 km, le métro de Tokyo demeure l'un des plus « calmes » à l'échelle planétaire. Il n'y a personne pour venir te chanter une chanson sur un air d'accordéon, personne pour te raconter ses déboires... Les gens lisent, regardent leur smartphone, écoutent de la musique ou dorment. On parle peu, ou doucement, pour ne pas gêner les voisins. On fait la queue, on attend son tour, on laisse les passagers descendre... Le rêve de tout usager du métro à Paris.

Le métro le plus high-tech

Avec 607 stations s'étendant sur plus de 975 km, Séoul dispose de l'une des infrastructures de transport les plus modernes au monde. À vrai dire, ce métro high-tech a tout pour séduire. Petit plus, ses sièges chauffants, parfaits pour les longs trajets d'hiver !

TEST ET QUIZ

Qui est qui ?

Fais ressortir la Pépita qui est en toi en identifiant ces célébrités du métro parisien.

Sur ce mur se cachent : Aimé Césaire, Alexandre Dumas, Edgar Quinet, Félix Faure, Franklin D. Roosevelt, George V, Guy Môquet, Louise Michel, Marx Dormoy et Victor Hugo.

1.

2.

3.

4.

5.

6.

7.

8.

9.

10.

TEST ET QUIZ

Star Quiz

Une station de métro porte leur nom mais les connais-tu vraiment ? À toi de le prouver en répondant à ce quiz formidable sans te tromper.

1 Alexandre Dumas, Mireille Dumas ou les deux ?

Est né(e) le 5 Thermidor an X.

2 Barbara, Babar ou les deux ?

Une vie marquée par l'inceste.

3 Charles Michels, Charles Michel ou les deux ?

Il est président du Conseil européen.

4 Edgar Quinet, un kiné de garde ou les deux ?

On peut le trouver dans le XIVe arrondissement.

5 Louise Michel, la mère Michel ou les deux ?

Elle a perdu son chat.

6 Marcel Sembat, un danseur de samba ou les deux ?

A obtenu le premier prix de version latine au concours général.

7 Voltaire, Zadig et Voltaire ou les deux ?

Privilégie avant tout les coupes simples, les belles matières et les couleurs sobres.

8 Étienne Marcel, Samuel Étienne ou les deux ?

Depuis le 22 février 2016, il présente le jeu *Questions pour un champion.*

9 Robespierre, Rob Estes ou les deux ?

Il a joué dans Melrose Place et Les Experts : Miami.

10 Louis Blanc, un Louis d'Or ou les deux ?

A été fabriqué entre 1811 et 1888.

TEST ET QUIZ

Le bingo du métro !

Un vieil homme a dit un jour : « Si à 50 ans on n'a pas une Rolex, c'est qu'on a raté sa vie. » De toute évidence, ce vieil homme n'a jamais pris le métro. Ni joué au bingo.

Tu trouveras ci-dessous 50 expériences plus incroyables les unes que les autres à vivre dans le métro. Alors arme-toi de ton petit crayon, coche la case si tu as déjà vécu un de ces moments, et tu seras surpris.e de voir à quel point tu as DÉJÀ raté ta vie ! Non, ne me remercie pas.

- ☐ Alors que tu es déjà à la bourre, paf, un incident voyageur. Le trafic est interrompu. Pour une durée indéterminée.
- ☐ Ton voisin semble s'appuyer légèrement contre toi au moindre à-coup. Ah non, il frotte juste doucement sa jambe contre la tienne en te regardant du coin de l'œil.
- ☐ Une femme enceinte entre dans la rame. Environ 10 personnes pourraient lui céder leur place… Mais non, c'est sur toi que ça tombe.
- ☐ Charmant, le mec. Il te regarde, on dirait. Tu lui souris timidement. Ah non, il regarde la nana derrière toi.
- ☐ Tu entends la sonnerie du métro retentir. Tu dévales les escaliers et tu cours sur le quai pour l'avoir. Trop tard, les portes se referment. Juste devant ton nez. Tu as l'air con.
- ☐ Tu as pris le métro dans le mauvais sens, encore.
- ☐ Tu t'assoupis 30 secondes. 5 minutes plus tard, tu ouvres les yeux. Évidemment, tu as raté ta station.
- ☐ Ton voisin pue la transpi. Ta voisine aussi. On est seulement lundi.
- ☐ Charmante, la nana. Elle te regarde, on dirait. Tu lui souris timidement. Ah non, elle regarde le mec derrière toi.
- ☐ Olag l'accordéoniste te dédicace sa reprise de *La vie en rose*.

- [ ] Tu cours, tu cours, la sonnerie du métro retentit. Ouf, tu montes in extremis. Mais ton manteau est coincé entre les portes. Tu as l'air con.

- [ ] Tu rentres de soirée. Le dernier métro arrive dans 3 minutes, t'es large. Ah non. Il est annulé.

- [ ] Tu t'adosses à la barre du métro. Elle est bien dure. Ce n'est pas la barre du métro.

- [ ] Ça sent le vomi. C'est sur ton siège. Dommage.

- [ ] Tu aides ton pote à déménager. Il n'a pas de voiture. Ça va être sympa le canap' dans la rame.

- [ ] Le métro est bondé. Tu es debout. Et tu sens le souffle chaud de Michel sur ta nuque.

- [ ] Tu prends la 3 bis.

- [ ] Ton voisin est au téléphone. Il chuchote dans une langue inconnue. Tu réalises qu'il n'est pas au téléphone. Angoisse.

- [ ] Tu cours, tu cours, la sonnerie du métro retentit. Ouf, tu montes in extremis. Mais ton sac est coincé entre les portes. Tu as l'air con.

- [ ] Tu te rends compte que ton voisin a les yeux braqués sur l'écran de ton portable depuis 5 minutes. OKLM.

- [ ] Tu fraudes pour la première fois de ta vie. Tu te fais contrôler. Ce sera 35 €. Pas de bol.

- [ ] Tu prends le métro à l'heure de pointe. C'est la canicule. Y a pas la clim.

- [ ] Une vieille femme entre dans la rame. Environ 10 personnes pourraient lui céder leur place... Mais non, c'est sur toi que ça tombe.

- [ ] Ta voisine est au téléphone, tu écoutes sa conversation et tu réalises qu'elle a une vie dix fois plus trépidante que la tienne.

- [ ] Tu reviens de 15 jours de vacances. Déconnexion totale, quelle chance. Et tu prends la ligne 13 pour rentrer chez toi.

- [ ] Ton collègue pue de la gueule. Tu prends le métro avec lui tous les matins.
- [ ] Tu aperçois une vieille connaissance à qui tu n'as rien à dire. Tu espères qu'elle ne t'a pas vu.e. C'est là qu'elle traverse la rame pour venir te parler.
- [ ] Panne d'électricité. Les lumières s'éteignent dans la rame. Puis se rallument. Tu n'as plus ton portefeuille.
- [ ] Quand tu es sur le quai à Concorde, tu joues à trouver les mots cachés dans cette espèce de scrabble géant qui recouvre les murs. Tu trouves ça marrant.
- [ ] Dans le métro, tu t'évades en lisant le texte gagnant du Grand prix poésie de la RATP.
- [ ] Tu descend à Abbesses. L' ascenseur est en panne.
L'escalier compte 176 marches.
- [ ] Tu connais les raccourcis interdits au public mais qui te permettent de gagner 34 secondes pour effectuer ton changement tous les matins.
- [ ] Tu as l'impression d'être important.e quand tu demandes aux gens de se décaler quand ils ont l'audace de rester plantés sur le côté gauche de l'escalator.
- [ ] La musique à fond dans tes écouteurs, tu dois descendre à la prochaine station. Le conducteur vient de faire une annonce disant qu'il ne marquerait pas l'arrêt. Tu n'as rien entendu.
- [ ] Tu as l'impression d'être une belle personne quand tu dis : « Mais bon sang, laissez sortir les gens ! »
- [ ] Tu es trop fière de ton brushing. Mais tu viens de passer 4 stations avec la gueule en plein dans le courant d'air de la clim..
- [ ] Tu as l'impression de sauver le monde quand tu es le/la seul.e à oser te lever pour ouvrir les fenêtres du métro par temps chaud.
- [ ] Tu t'es déjà lancé le défi de rester debout en équilibre le plus longtemps possible sans te tenir à la barre (niveau débutant).

- [ ] Tu t'es déjà lancé le défi de rester debout en équilibre le plus longtemps possible sans te tenir à la barre... en te plaçant sur la jonction en accordéon qui relie 2 rames (niveau expert).

- [ ] Tu t'es déjà lancé le défi de rester debout en équilibre le plus longtemps possible sans te tenir à la barre... avant que le métro freine brutalement (t'as plus l'âge pour ces conneries).

- [ ] Tu as l'impression d'être un leader quand tu dis : « SVP, vous pouvez avancer un petit peu ? Y a encore de la place dans les allées. »

- [ ] Tu as les cheveux mouillés et tu profites des courants d'air du métro pour les faire sécher.

- [ ] Tu as déjà fait un malaise vagal dans le métro et le trafic a été interrompu à cause de toi.

- [ ] Tu aimerais, rien qu'une fois, t'installer dans la cabine du conducteur. Juste pour voir ce que ça fait (chacun ses rêves...).

- [ ] Tu as accouché dans le métro et ton enfant bénéficie d'un abonnement Navigo à vie.

- [ ] Tu as repéré 1 ou 2 personnes qui prennent régulièrement le métro aux mêmes heures que toi. Tu cherches à imaginer leur vie. Tu es triste quand le lendemain tu ne les vois pas.

- [ ] On te demande beaucoup trop souvent de passer avec toi dans le tourniquet.

- [ ] Tu aimes particulièrement te coller aux gens pour passer avec eux dans le tourniquet.

- [ ] Tu as déjà essayé de valider ton ticket de métro en le passant sur la borne Navigo.

- [ ] Tu t'es déjà reconnu.e sur le compte Instagram @lesgensdanslemetro_. Plusieurs fois.

TON SCORE :   / 50

REMERCIEMENTS

Waouh… (applaudissements) je… je ne m'y attendais pas… alors, euh… je remercie mes parents sans qui… sans qui je ne serais pas là (sanglots). Merci Fermin, mon bel Andalou. Merci à ma maison d'édition, merci Mathilde (pause), merci de m'avoir fait confiance quand personne ne croyait en moi. Ce Goncourt… (voix qui tremble) ce Goncourt c'est l'aboutissement d'un an et demi de travail et d'un nombre incalculable de nuits blanches passées à fumer beaucoup, beaucoup de cigarettes.
Je tiens aussi à remercier mon illustratrice, Léa, qui a su ordonner et colorer mes idées noires.
Je… je savais que ce cahier d'activités allait jeter un pavé dans la rame (rires), mais je ne regrette rien… Le métropolitain, le « métro » comme ils disent, était depuis bien trop longtemps snobé par la grande famille de la littérature française. Ce Goncourt… ce Goncourt… il est pour toi, Fulgence[2] ! (cris, foule en délire)

[2] Fulgence Bienvenüe, Fufu pour les intimes, le père du métro parisien. J'en parle dans ce cahier, donc j'espère que tu avais la réf'. Alors, tu l'avais ? Oui/Non (rayer la mention inutile)

SOLUTIONS

PAGE 14

Test et Quiz : Que fait cet homme sur la photo ?

Réponse : **Il joue aux échecs.**

Métroticônes

🇦🇷 **ARGENTINE** 📈 **BOURSE** 🐈🥛 **CHÂTELET**

🤪🪢 **CONCORDE** 🏃, 🧂 **COURCELLES** 👑 **COURONNES**

❌✌️🐈🐮 **CROIX DE CHAVAUX** 🏫🪖 **ÉCOLE MILITAIRE**

🏳️‍🌈🫖 **GAÎTÉ** 🚉✌️🦁 **GARE DE LYON**

PAGE 15

Le droit de savoir : Le théorème de Lorie Pester

Réponse : **10 minutes et 27 secondes**

8 intersections x 2 = 16 minutes
16/3 = 5,33
16-5,33 = 10 minutes 27 secondes

PAGE 16

Des chiffres et des lettres : Mots croisés

1. Ont lieu tous les 4 ans → **Olympiades**
2. Will Smith y a vécu → **Bel-Air**
3. Proust avait la sienne → **Madeleine**
4. Religieuses → **Abbesses**
5. Oppidum gaulois → **Alésia**
6. El Libertador → **Bolivar**
7. Exploitants agricoles → **Maraîchers**
8. Opiniâtres → **Volontaires**
9. Benjamin → **Cadet**
10. Freezer → **Glacière**
11. Ville portuaire → **Anvers**
12. Chef-lieu d'Ille-et-Vilaine → **Rennes**
13. Princesse phénicienne → **Europe**
14. Il peut être de la santé → **Ségur**
15. Ville de Thuringe → **Iéna**

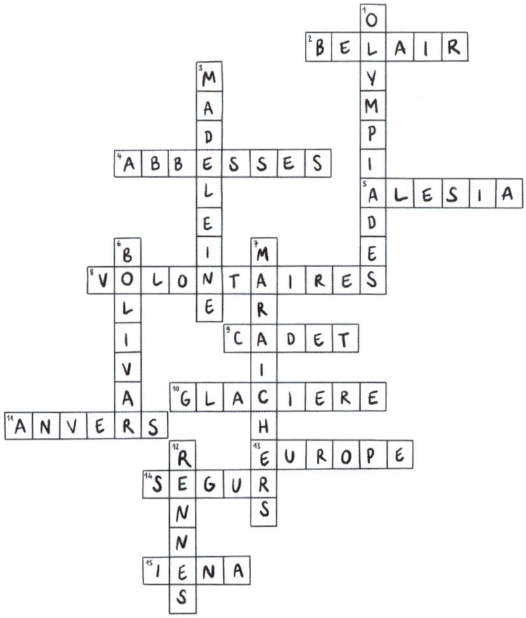

PAGE 22

Des chiffres et des lettres : Le bouche-trou

Pointe du Lac
Cluny La Sorbonne
Charles de Gaulle - Étoile
Boulogne Pont de Saint Cloud
Bobigny Pablo Picasso
Mairie de Montrouge
La Motte Picquet Grenelle
Hotel de Ville
Charonne
Charles Michels
Chardon Lagache

PAGE 23

Des chiffres et des lettres : Mots cachés

S	D	Y	T	F	P	O	R	T	I	Q	U	E	C
V	W	Q	I	D	A	P	X	K	G	S	V	V	O
F	S	C	C	M	U	S	I	C	I	E	N	S	R
R	Q	L	K	Z	N	X	Y	H	Q	R	C	T	R
I	U	Z	E	N	T	N	A	V	I	G	O	R	E
T	A	C	T	C	H	A	R	H	A	E	N	A	S
K	I	J	U	S	D	V	A	T	C	E	D	P	P
K	H	C	R	G	Z	E	M	R	T	H	U	O	O
C	O	N	T	R	O	L	E	U	R	B	C	N	N
G	R	E	V	E	F	A	J	L	K	U	T	T	D
N	X	E	S	T	A	T	I	O	N	H	E	I	A
B	O	V	O	Y	A	G	E	U	R	Q	U	N	N
A	A	B	O	N	N	E	M	E	N	T	R	V	C
I	N	C	I	D	E	N	T	A	C	P	D	S	E

PAGE 24

Nos régions ont du talent : Géographie

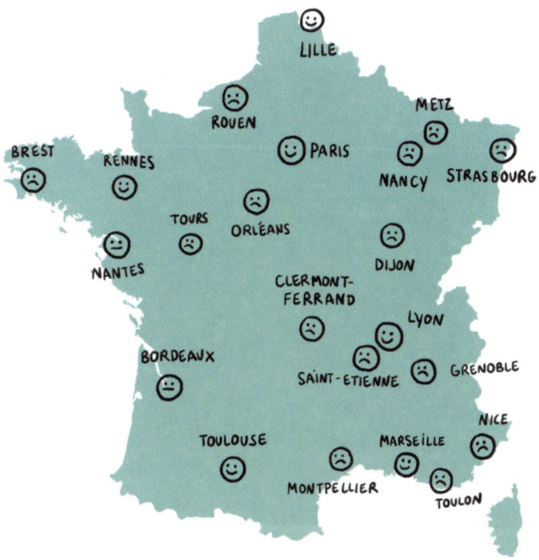

PAGE 25

Test et quiz : Le métro parisien

Question 1 : **Franklin D. Roosevelt**
Question 2 : **La 3 bis avec 4 stations**
Question 3 : **Verte**
Question 4 : **La 4**
Question 5 : **La 7**
Question 6 : **La ligne 6**

PAGE 26

Atelier créatif : Jeu des 7 différences

PAGE 27

Nos régions ont du talent : Mot à deviner

1. Mot mystérieux → **PROVINCE**
2. Un vivier de talents pour W9 → **MARSEILLE**
3. La ville des lumières → **LYON**
4. Martine Aubry y règne depuis plus de 20 ans → **LILLE**
5. On y trouve du chouchen à volonté → **RENNES**
6. La ville rose → **TOULOUSE**

PAGE 28

Nos régions ont du talent : Marseille

Question 1 : **1977**
Question 2 : **Métro sur pneumatiques**
Question 3 : **Rouge et bleu**
Question 4 : **Maeva Ghennam**
Question 5 : **Ce matin on était tous très serrés dans le métro**
Question 6 : **Jean-Pierre Papin**

PAGE 30

Métroticônes

 **LA CHAPELLE**

 **MONCEAU**

 **PORTE MAILLOT**

 **LA MUETTE**

 **PORTE DAUPHINE**

 **TEMPLE**

 **LIBERTÉ**

 **PORTE D'ITALIE**

 **TUILERIES**

 **CHÂTEAU-ROUGE**

 **INVALIDES**

 **MAISON BLANCHE**

 **PERE-LACHAISE**

 **PICPUS**

 **PONT-NEUF**

PAGE 31

Nos régions ont du talent : Rennes

Question 1 : **2002**
Question 2 : **La ligne A et la ligne B**
Question 3 : **Keolis**
Question 4 : **Aucune**
Question 5 : **Au choix**
Question 6 : **La Manche**

PAGE 32

Des chiffres et des lettres : Anagrammes

TRAVIOLE → VOLTAIRE **APERO** → OPERA **BOISERIES** → BOISSIERE **TRIQUE** → RIQUET **RETINES** → SENTIER **CYBER** → BERCY **LE CIGARE** → GLACIERE **PILLAGE** → PIGALLE **MON SLIP** → SIMPLON **FAUX RELIEF** → FELIX FAURE **PIETON PERDANT** → PORTE DE PANTIN **PETIT CONNARD** → PONT CARDINET **LE ZOMBI CHTI** → MICHEL BIZOT **NU SPATIAL** → SAINT PAUL **LEGER APHTE** → TELEGRAPHE **CE CORDON** → CONCORDE **AGITE** → GAITE **TON ADN**→ DANTON **BRUTALE** → BERAULT **AMULETTE** → LA MUETTE **SA PSY** → PASSY **PEPE TROLL** → PELLEPORT

PAGE 34

Nos régions ont du talent : Toulouse

Question 1 : **1993**
Question 2 : **Deux lignes**
Question 3 : **37**
Question 4 : **Toulouse-Lautrec**
Question 5 : **Au choix**
Question 6 : **5 fois (et 3)**

PAGE 35

Des chiffres et des lettres : Mots croisés

1. On lui doit la chanson l'Aigle noir → **BARBARA**
2. Siège historique du parti socialiste → **SOLFÉRINO**
3. Buenos Aires est sa capitale → **ARGENTINE**
4. Garnier ou Bastille → **OPÉRA**
5. Péninsule annexée → **CRIMÉE**
6. Elle vend des truites → **POISSONNIÈRE**
7. Elle ne s'est pas faite en un jour → **ROME**
8. Elle fut détruite en 1789 → **BASTILLE**
9. Fades → **TERNES**
10. Ancien roi d'Angleterre → **GEORGE V**
11. Canal du bassin parisien → **OURCQ**
12. Pays → **NATION**
13. Parfois en coquille → **SAINT-JACQUES**

14. Desservie par 5 lignes de métro → **CHÂTELET**
15. Quartier chaud → **PIGALLE**

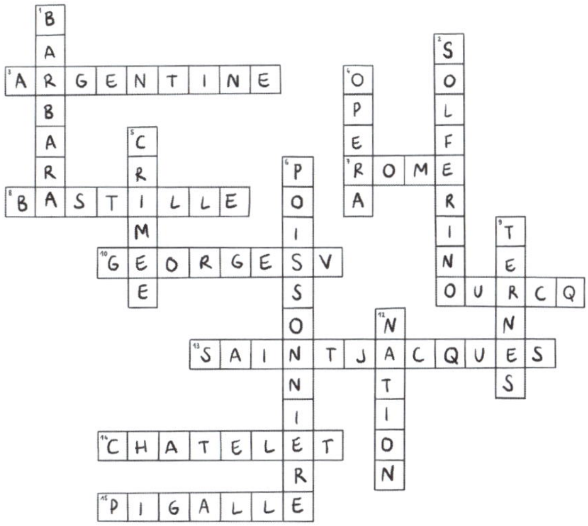

PAGE 37

Des chiffres et des lettres : Sudokus

2	1	8	9	5	3	6	7	4
5	4	9	6	7	1	8	2	3
6	3	7	8	2	4	9	1	5
8	9	3	2	1	6	4	5	7
1	7	5	4	3	8	2	6	9
4	6	2	5	9	7	3	8	1
9	2	4	1	6	5	7	3	8
7	8	1	3	4	2	5	9	6
3	5	6	7	8	9	1	4	2

9	1	7	6	4	2	8	3	5
8	6	4	3	9	5	2	7	1
2	3	5	8	1	7	9	4	6
5	2	3	4	8	6	1	9	7
1	7	6	9	2	3	5	8	4
4	8	9	5	7	1	6	2	3
3	5	8	2	6	4	7	1	9
7	4	2	1	5	9	3	6	8
6	9	1	7	3	8	4	5	2

PAGE 38

Nos régions ont du talent : Lille

Question 1 : **1983**
Question 2 : **60**
Question 3 : **1,70 €**
Question 4 : **Hôtel de Lille**
Question 5 : **Steevy Boulay**
Question 6 : **Martine Aubry, mais elle est maire de la ville depuis 2005. Tout aussi glorieux.**

PAGE 39

Des chiffres et des lettres : Mots cachés

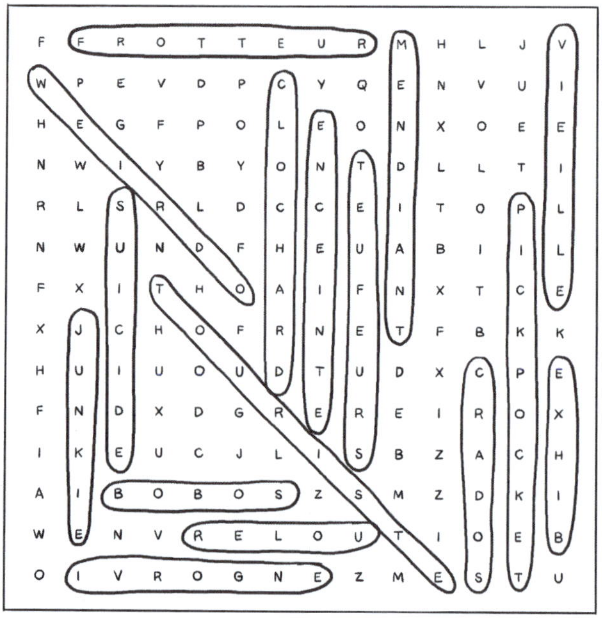

PAGE 41

Des chiffres et des lettres : Mots croisés

1. Un pote de Zadig → **VOLTAIRE**
2. L'enveloppe des testicules → **BOURSE**
3. Il a mis au point un vaccin contre la rage → **PASTEUR**
4. Infirmes → **INVALIDES**
5. Elles sont 3 à Gizeh → **PYRAMIDES**
6. Arbuste à fleurs jaunes ou blanches très odorantes → **JASMIN**
7. Auteuil, Neuilly... → **PASSY**
8. Mélenchon dit que c'est lui → **RÉPUBLIQUE**
9. Je ne l'aurai pas avec ce livre → **GONCOURT**
10. Dents artificielles → **COURONNES**
11. Un fleuve allemand → **DANUBE**
12. Dorothée l'a rempli 57 fois → **BERCY**
13. Elle est de Castille → **BLANCHE**
14. Beautiful city en français → **BELLEVILLE**
15. Elle est de la peur avec Alain Chabat → **CITÉ**

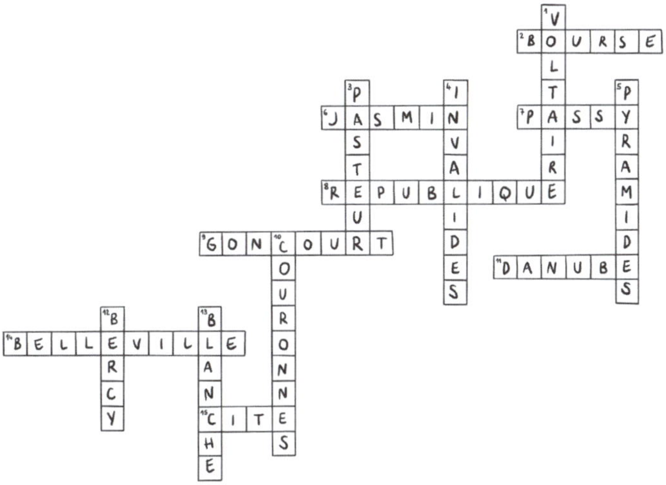

PAGE 42

Des chiffres et des lettres : 7 à toi de jouer

DANS LE MÉTRO : **Siège / Gens / Rame / Ticket / Rail / Quai / Station**

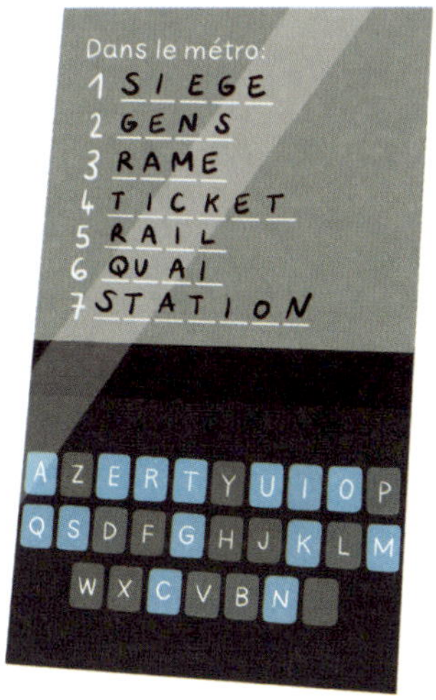

PAGE 43

Nos régions ont du talent : Lyon

Question 1 : **1974**
Question 2 : **4 lignes**
Question 3 : **Augmenter la capacité des rames aux heures de pointe (oui, cette question était chiante)**
Question 4 : **Le Roi Lion**
Question 5 : **Au choix**
Question 6 : **Danser**

PAGE 44

Des chiffres et des lettres : Sudoku diabolique

7	8	6	D	A	4	6	3	2	9	B	1	F	5	E	C
4	2	A	F	9	E	5	C	G	7	3	D	6	8	1	B
E	3	5	9	7	B	F	1	8	6	C	A	4	G	D	2
B	G	1	C	2	D	8	6	E	F	4	5	9	A	3	7
F	9	3	8	E	G	2	7	D	B	6	C	A	4	5	1
G	E	C	2	6	5	1	8	7	A	9	4	D	F	B	3
D	6	7	1	4	A	3	B	F	5	G	8	2	9	C	E
5	A	B	4	C	F	D	9	1	2	E	3	8	6	7	G
9	D	G	A	3	1	B	4	C	8	5	2	E	7	6	F
1	5	4	6	8	2	A	G	3	E	F	7	C	B	9	D
C	B	2	E	F	7	6	5	4	G	D	9	3	1	A	8
3	F	8	7	D	C	9	E	B	1	A	6	G	2	4	5
2	1	E	5	G	9	4	D	6	C	8	B	7	3	F	A
8	C	9	B	1	6	E	F	A	3	7	G	5	D	2	4
A	7	D	G	5	3	C	2	9	4	1	F	B	E	8	6
6	4	F	3	B	8	7	A	5	D	2	E	1	C	G	9

PAGE 45

Des chiffres et des lettres : Anagrammes diaboliques

CET URINOIR A CON → **CORENTIN CARIOU**
AME AU CALMAR → **ALMA MARCEAU**
THON PEU RAPIDE → **PORTE DAUPHINE**
BAL D'AIGRI → **GARIBALDI**
BOITES A MARINS → **SAINT AMBROISE**
JOLI CANARD EVENTRE → **JAVEL ANDRE CITROEN**
REPAS SUBVENTIONNE, AMEN → **MONTPARNASSE BIENVENUE**
RENES EN CHOCOLAT → **CHARENTON ECOLES**
BACHOTER SA BROCHURE → **BARBES ROCHECHOUART**
UTERUS A MARIN → **RUE SAINT MAUR**
TA ROUE GAUCHE → **CHATEAU ROUGE**
LE PEDE PHALLOCRATE → **PORTE DE LA CHAPELLE**
LE DIPLODOCUS BOUGONNE TANT → **BOULOGNE PONT DE SAINT CLOUD**
LE SS IGNOBLE → **LES GOBELINS**
BRULONS-Y LE CANON → **CLUNY-LA SORBONNE**
UN NOBLE ENVOLE → **BONNE NOUVELLE**
PREMEDITER UN LOTO → **PORTE DE MONTREUIL**
PLAN D'EGOUT INCORRECT → **PORTE DE CLIGNANCOURT**
SAPIN ET GRAVIERS → **PRE SAINT GERVAIS**
NUIT A INVITER DES SEINS → **SAINT DENIS UNIVERSITE**

PAGE 48

Atelier créatif : Jeu des 7 différences

PAGE 52

Nos régions ont du talent : Nice

Question 1 : **Jamais (Nice n'a pas de métro, mais un tramway… piège redoutable)**
Question 2 : **La station Garibaldi (c'est une station de tramway, donc la question tient la route)**
Question 3 : **Non (puisque je vous dis qu'il n'y a pas de métro à Nice !)**
Question 4 : **Vitaa**
Question 5 : **Prosper**
Question 6 : **Le pan bagnat**

PAGE 53

Des chiffres et des lettres : Le bouche-trou

Châtillon Mon**t**roug**e** **Ph**ili**ppe** Auguste Grands **Boule**vard**s**
Bonne Nou**v**elle **Bi**blio**thèque** Fran**ç**ois Mitterrand **Ana**to**le** France
Marcadet **P**o**i**son**n**i**e**rs **Les Cour**t**illes** **C**ambr**onne**

PAGE 54

Des chiffres et des lettres : 7 à toi de jouer

RIME AVEC MÉTRO : **Dodo / Boulot / Vélo / Rétro / Trop / Moto / Apéro**

PAGE 55

Test et quiz : Trouve le film à partir du pitch

L'Attaque du métro 123 de Tony Scott (2009) / Le Dernier Métro de François Truffaut (1980) / Zazie dans le métro de Louis Malle (1960) / Subway de Luc Besson (1985) / Speed de Jan de Bont (1994)

PAGE 59

Atelier créatif : Jeu des 8 différences

PAGE 65

Des chiffres et des lettres : Mojidoku

Y	P	E	R	A	I	S	M	D
M	D	R	E	P	S	Y	A	I
I	S	A	M	D	Y	R	E	P
P	E	D	I	R	M	A	Y	S
A	I	S	Y	E	P	M	D	R
R	M	Y	A	S	D	P	I	E
D	A	M	P	I	R	E	S	Y
S	Y	P	D	M	E	I	R	A
E	R	I	S	Y	A	D	P	M

PAGE 69

Test et quiz : Vrai ou faux ?

1. Faux / 2. Vrai / 3. Faux / 4. Faux / 5. Vrai / 6. Faux

PAGE 72

Des chiffres et des lettres : Énigmes

Les Spice Girls dans le métro / Réponse : **Victoria**
Y a-t-il quelqu'un dans la rame ? Réponse : **10**
Qui suis-je ? Réponses : **La lettre M / La bouche / L'étoile**

PAGE 73

Des chiffres et des lettres : Rébus

1. Cité 2. Passy 3. Ménilmontant 4. Péreire 5. Anvers 6. Porte Maillot

PAGE 74

Nos régions ont du talent : Et là, c'est le tram...

DIJON Ville jumelée à Dallas aux États-Unis
STRASBOURG Rouget de Lisle y a écrit La Marseillaise
GRENOBLE La noix est sa spécialité
MONTPELLIER Possède la plus ancienne faculté de médecine en exercice au monde
SAINT-ÉTIENNE C'est là que la machine à coudre a été inventée
ORLÉANS Vegedream y est né
ROUEN S'y trouve la plus grande usine de Nutella au monde
NANTES On peut voir un éléphant géant se promener dans ses rues
BREST Ivre, un habitant de cette ville a jeté son ex par la fenêtre et a attendu la police avec un verre de vin
BORDEAUX Cette ville a été la capitale de la France pendant quelques semaines en 1940

PAGE 78

Des chiffres et des lettres : Rue du bac

	M	E	T	R	O
UN BRUIT	MIAOU	EUH	TIC TAC	RONRON	OUAH
LE PRÉNOM DE QUELQU'UN DE FOURBE	MÉLANIE	ÉLODIE	TATIANA	ROSALIE	OPHÉLIE
UN CADEAU POURRI	MIXEUR	ENDIVE	TAIE D'OREILLER	RADIS	OIGNON
UN TRUC QUI FAIT PEUR	MONSTRE	EBOLA	TARENTULE	RAT	OVNI
UN.E CHANTEUR/CHANTEUSE RINGARD.E	MICHAL	ENRICO MACIAS	TAL	RICKY MARTIN	OPHÉLIE WINTER
UNE COMMUNE FRANÇAISE DE MOINS DE 300 HABITANTS	MAJASTRES	ÉRONE	TRÉBONS-DE-LUCHON	ROCHE-FOURCHAT	OURDON
UN TRUC PAS BON	MERDE	ENDIVE	TOFU	RADIS	OPHÉLIE WINTER
UNE MARQUE D'ALCOOL	MALIBU	ERISTOFF	TARIQUET	RICARD	ORVAL
UN TRUC MOCHE	MOUFLES	ELON MUSK	THON	RAIE	OPHÉLIE WINTER
UN GROS MOT	MERDE	ENCULÉ	TA MÈRE	RACLURE	ORDURE
UN FROMAGE TYPIQUE	MONT D'OR	EMMENTAL	TOME	REBLOCHON	OSSAU-IRATY
UN TRUC VIEUX	MICHOU	ENCRIER	TA MÈRE	RICKY MARTIN	OPHÉLIE WINTER
UN PLAT QUI SE DIGÈRE MAL	MERGUEZ	ENDIVE	TABOULÉ	RACLETTE	OLIVES FARCIES
QUELQU'UN QUE TU DÉTESTES	MICHEL LEEB	ELIE SEMOUN	TA MÈRE	RICKY MARTIN	OMAR SY
UN MOT QUI SE TERMINE PAR "ASSE"	MÉLASSE	ÉCHASSE	TIGNASSE	RADASSE	OUTCLASS
UN TRUC MAUVAIS POUR L'ENVIRONNEMENT	MAZOUT	EMISSION DE CO_2	TRUMP	ROULER VITE	OGM

PAGE 79

Test et quiz : La playlist du métro

Kalinka : **1860**
Bésame mucho : **1941**
La Vie en rose d'Édith Piaf : **1946**
La Bohème de Charles Aznavour : **1965**
Les Champs-Élysées de Joe Dassin : **1969**
Hasta siempre par Nathalie Cardone : **1997**
Mon amant de Saint-Jean par Patrick Bruel : **2002**
Ai se eu te pego par Michel Teló : **2011**
Balada de Gusttavo Lima : **2012**
Bella Ciao (version La Casa de Papel) : **2018**

PAGE 82

Des chiffres et des lettres : Message absurde

Il faut décaler d'un rang vers l'avant pour obtenir :
"ATTENTION A LA MARCHE EN DESCENDANT DU TRAIN"
"PLEASE MIND THE GAP BETWEEN THE TRAIN AND THE STATION" (en anglais)
"BITTE ACHTEN SIE AUF DIE LUCKE ZWISCHEN ZUG UND BAHNSTEIGKANTE" (en allemand)
"ASHIMOTO NO GO CHUI KUDASAI" (en japonais)

PAGE 83

Des chiffres et des lettres : Mo-mo-motus

Le mot à trouver est **STRAPONTIN**

PAGE 84

Atelier créatif : Trouve le surmulot

PAGE 85

Atelier créatif : Où est mamie ?

PAGE 88

Atelier créatif : Trace ta ligne

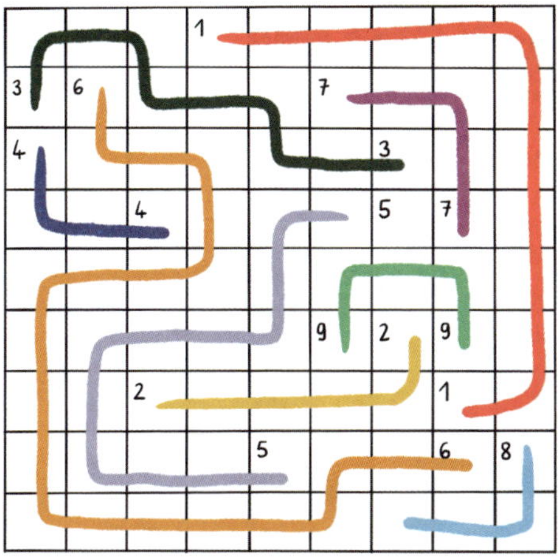

PAGE 92-93

Test et quiz : Qui est qui ?

1. **Alexandre Dumas** 2. **Guy Môquet** 3. **Louise Michel** 4. **Franklin D. Roosevelt** 5. **Edgar Quinet** 6. **Marx Dormoy** 7. **Félix Faure** 8. **Aimé Césaire** 9. **George V** 10. **Victor Hugo**.

PAGE 94

Test et quiz : Star Quiz

1. **Alexandre Dumas**
2. **Les deux** (Babar est marié avec Céleste, sa cousine)
3. **Charles Michel**
4. **Les deux**
5. **La mère Michel**
6. **Marcel Sembat**
7. **Zadig et Voltaire**
8. **Samuel Étienne**
9. **Rob Estes**
10. **Un Louis d'Or**

INSTANTS CHOISIS :

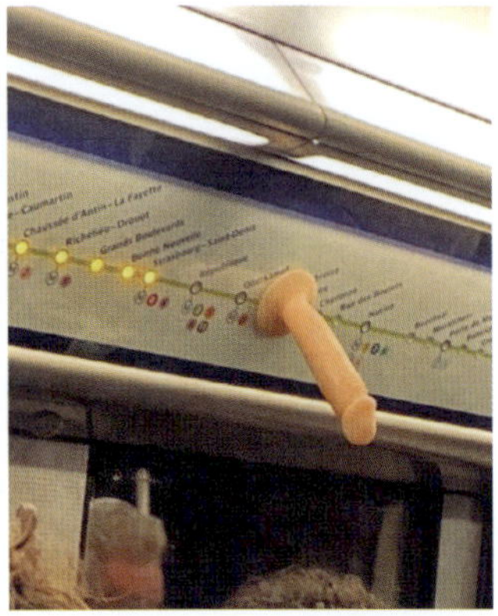

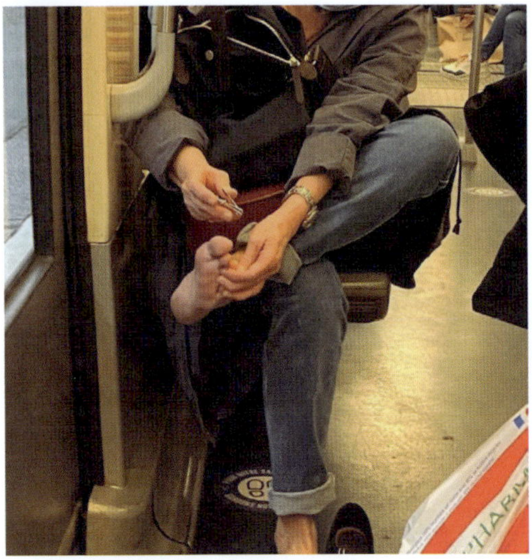

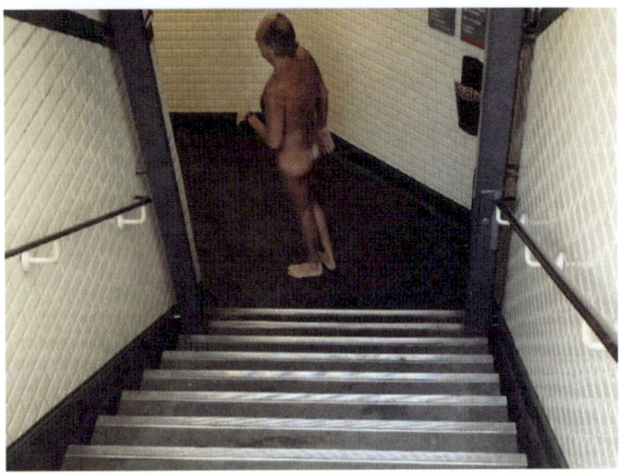

M

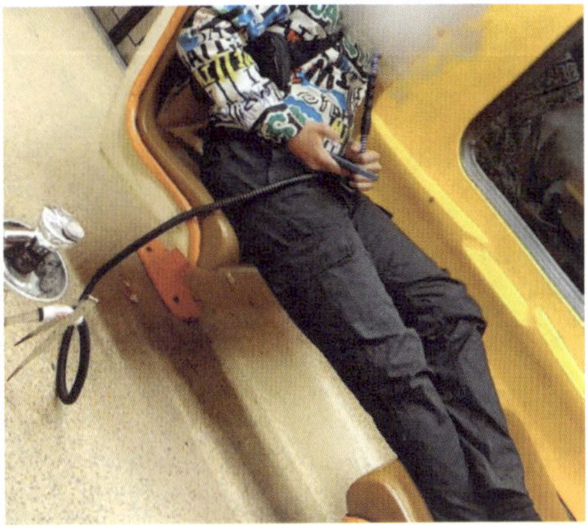

TES MEILLEURES ANECDOTES DANS LES TRANSPORTS EN COMMUN :

WEBOGRAPHIE

https://www.ratp.fr/
https://fr.wikipedia.org/
https://www.pariszigzag.fr/
https://www.paris.fr/
http://www.gef.free.fr/metro.html
https://www.facebook.com/memesintramuros/
https://www.topito.com/
https://parissecret.com/
https://www.educol.net/
https://www.buzzfeed.com/
https://www.mandaley.fr/
https://www.readytogo.fr/
https://www.gettyimages.fr/
https://www.shutterstock.com/fr

CRÉDITS PHOTOS

Que fait cet homme sur la photo ? page 14 : © yns.bz

Orgasme ou métro climatisé ?, page 19 : Shutterstock – © Zaitsev-Maksym ; © Rawpixel.com ; © Ollyy ; © Cast Of Thousands ; © ViDI Studio ; © Den Rozhnovsky ; © Prostock-studio

Petit guide de survie en cas de forte chaleur, page 21 : @__arthurg

Nos régions ont du talent, Géographie, page 24 : Shutterstock : @Save nature and wildlife

Le jeu des 7 différences, page 26 : @florejlqs

Nos régions ont du talent, Marseille, page 28 : @chroniques_de_mars

Imagine le reste, page 33 : @bambooleila

Métro, boulot, dodo page 36 : @teddy_hdy

Orgasme ou colis piégé ?, page 47 : Shutterstock — © Halfbottle ; © Vadym Pastukh ; © Alan Payne ; © Cast Of Thousands ; © Krakenimages.com ; © StoryTime Studio ; Kues ; © Business plus

Le jeu des 7 différences, page 48 : @emiliestoll

Les 10 trucs interdits dans le métro, page 49, 51 :@fionakhalifa.c.a ; @loup.ar

Le jeu des 8 différences, page 59 : @theolmy

Le métro parisien en 10 dates, page 67 : @ gil_rglt

Énigmes , page 72 : @gaetlag

Et là, c'est le tram, page 74 : @raphaelchauv1

Qui meme prendra le métro
•Page 75 : « Vous auriez pas du crack par hasard ? » @geoffroycmoi ; « POV : c'était pas si mal les masques » @pimoussthe runner

•Page 76 : « Toi, face à ton destin » @___kan1 ; « Mythique » Twitter ; « Love goals » @pilloux_sur_rue

•Page 77 : « Terminus, tout le monde décède » @_abiche_ ;
« Les dents dans le métro » @spacecleme ;
« Les dents dans le métro 2 » @kaother_gf

Collage, pages 80 et 81 : @daily_enjoylife ; @flotix ; @jerhemy ; @swagmadoka ; @gaetlag

Les 11 commandements du métro, page 87 : @justinevanw

Qui est qui ?, page 92 et 93 :
•Aimé Césaire : Alamy / © Abaca Press
•Alexandre Dumas : Alamy / © CBW
•Victor Hugo : Alamy / © GRANGER — Historical Picture Archive

•Edgar Quinet : Alamy / © the Artchives
•Felix Faure : Shutterstock / © Oleg Golovnev
•Roosevelt : Alamy / © Pictorial Press Ltd
•George V : Shutterstock / © Everett Collection
•Guy Moquet : Alamy / © Abaca Press
•Louise Michel : Alamy / © Pictorial Press Ltd
•Marx Dormoy : Alamy / © History and Art Collection

Star quiz, page 95 : @eugenie_lrnt ; @jvlr28

Remerciements, page 101 : @wholovesadam

Best-of :
•Page 120 : @liamitiee ; @juliette_brhr ; @___eva___r ; @hbnfb ; @emy.chbt ; @emiliepottier ; @sabrinax_sb ;

•Page 121 : @baptistpgt ; @juliette_brhr ; @jeremy1163 ; @allison.borgo ; @bertrandbr1 ; @ soniaslab ; @maximhenrib ;

Cet ouvrage est composé de matériaux issus de forêts bien gérées certifiées FSC®, de matériaux recyclés et de matériaux issus d'autres sources contrôlées.
Le Forest Stewardship Council® est une organisation internationale non gouvernementale qui encourage une gestion écologiquement adaptée, socialement bénéfique et économiquement viable des forêts de la planète. Pour en savoir plus, consultez le site www.fsc.org

MIXTE
Papier issu de sources responsables
FSC® C007507

Achevé d'imprimer en juillet 2023 par Graphycems
Dépôt légal : août 2023
Imprimé en Espagne